摆
脱

边
缘
人
生

摆脱
Baituo

边缘
bianyuan

人生
rensheng

胡展诰 著

人民东方出版传媒
People's Oriental Publishing & Media

东方出版社
The Oriental Press

图书在版编目（CIP）数据

摆脱边缘人生 / 胡展诰 著. — 北京：东方出版社，2023.11
ISBN 978-7-5207-3613-8

Ⅰ.①摆… Ⅱ.①胡… Ⅲ.①人际关系 - 通俗读物 Ⅳ.①C912.11-49

中国国家版本馆CIP数据核字(2023)第165034号

摆脱边缘人生
（BAITUO BIANYUAN RENSHENG）

作　　者：胡展诰
责任编辑：邢　远
出　　版：东方出版社
发　　行：人民东方出版传媒有限公司
地　　址：北京市东城区朝阳门内大街166号
邮　　编：100010
印　　刷：小森印刷（北京）有限公司
版　　次：2023年11月第1版
印　　次：2023年11月第1次印刷
开　　本：880毫米×1230毫米　1/32
印　　张：7.25
字　　数：119千字
书　　号：ISBN 978-7-5207-3613-8
定　　价：59.00元
发行电话：(010) 85924663　85924644　85924641

目录

I ———— 序一 成为一个内外一致的人

　　　　　　　　　　　　海苔熊（心理学专栏作家）

VII ———— 序二 心中那个边缘的自我

　　　　　　　蔡宇哲（中国台湾应用心理学会理事长

　　　　　　　《哇赛！心理学》创办人兼总编辑）

XI ———— 前言 挥别困顿、挫败的人际关系

001———— 第一篇

重新导航：打造坚韧心态

003 ———— 一、你我都可能是边缘人

009 ———— 二、边缘人，是从"恐惧"开始的

017 ———— 三、"喜欢自己"是摆脱边缘人生的第一步

026 ———— 四、提升冲突解决力

033 ———— 五、已经习惯独处,却又害怕孤独

041 ———— 六、"打脸",不会让沟通更顺畅

048 ———— 七、"都是你的错!"

057 ———— 第二篇

有效互动:拉近彼此距离

059 ———— 八、"亲爱的,你知道今天是什么日子吧?"

067 ———— 九、善用提问技巧,让互动更舒适

074 ———— 十、"都可以"——到底是可以,还是不可以?

082 ———— 十一、温柔、暖心的安慰,该怎么说?

090 ———— 十二、友善、亲近的回应,该怎么说?

098 ———— 十三、充满能量的鼓励,该怎么说?

107 ———— 十四、面对别人的称赞,如何回应?

116 ——————— 十五、真心诚意的道歉，该怎么说？

125 ——————— 第三篇

有效防御：提升冲突解决力

127 ——————— 十六、处理冲突，欲速则不达

136 ——————— 十七、你不爽，为什么不明讲？

144 ——————— 十八、当关系充满指责，该怎么办？

152 ——————— 十九、面对看不顺眼的人，该怎么办？

159 ——————— 二十、面对总是"摆臭脸"的人，该怎么办？

167 ——————— 二十一、面对"油盐不进"的人，该怎么办？

175 ——————— 二十二、面对"爱批评"的人，该怎么办？

183 ——————— 二十三、面对爱"聊八卦"的人，该怎么办？

191 ——————— 二十四、面对"爱越界"的人，该怎么办？

200 ——————— 二十五、面对总是"忽冷忽热"的人，该怎么办？

海苔熊

心理学专栏作家

序一

成为一个内外一致的人

这本书，我想要推荐给在人群中觉得格格不入，可是自己一个人又觉得很 Blue 的人。阿德勒说："所有的困扰都是人际关系的困扰。"我以前就觉得这句话很有道理，不过看了这本书之后才终于明白，"为什么"所有困扰都是人际关系的困扰。

内在冲突是外在冲突的显现

关于痛苦经验的研究显示，所有的痛苦，都是来自内在两个声音的冲突①。而内在的冲突是怎么来的呢？往往是因为你为

---

① 卢怡任，刘淑慧：受苦转变经验之存在现象学探究：存在现象学和咨商与心理治疗理论的对话［J］. 教育心理学报，2014，45（3）：413-433. doi: 10.6251/bep.20130711.2

了"避免外在冲突"。在与人相处的时候，当发现自己和对方想法或需求不同时，你习惯把自己想做的、想说的压抑在心里，以维持表面的和平，但是你内心一直在打架。

于是，现实世界风平浪静，但你内心波涛汹涌。为什么你要让自己活得这么痛苦呢？展诰说，那是因为你对自己没有信心，不论别人做什么样的反应，你都会觉得"是自己不好"（你内心有一个"监控雷达"，The Sociometer ①）。这样的想法有好有坏。例如，你通过不断替别人着想，而维持了暂时的人际关系，或你通过在人群面前搞笑、幽默，来掩饰内心的寂寞，这些粉饰太平的行为都有暂时的效果。但是当你愈是为了让别人或外在的世界更"升平和乐"，你内在的世界就愈"寸草不生"。你是自己身体的主人，但却没有好好对待自己。

展诰说："其实冲突也是沟通的一种。冲突的力道有多大，我们有多么用力打脸对方，就代表我们有多么渴望得到对方理解。"你其实是希望别人了解你、接纳你、关心你的，只是你用某种防卫的姿态，把别人推得远远的，因为这样就可以避免让自己受伤和失望。就像书里面所说，你并不渴望当边缘人，也不是孤独的世界太迷人，而是现实的世界太危险，为了逃避这些危险，你躲在自己的蜗牛壳里，或者是表面上看似与大家相当

---

①   Leary, M. R., Tambor, E. S., Terdal, S. K., & Downs, D. L. Self-esteem as an interpersonal monitor: the sociometer hypothesi studies [J] . Journal of Personality and Social Psychology, 1995, 68(3) : 518.

亲密，但其实你知道，你和身边的人都隔着一堵墙，没有人能够真正走进你心里。

走出边缘人的世界

书中谈到，边缘人有三个主要的特征：

• 与自己相处时感到孤独。

• 恐惧与其他人相处。

• 对前面两种矛盾的情况，觉得无力。

根据易脆性理论（the vulnerability model[①]），低自尊的人往往比较忧郁，常觉得自己没有能力去做出任何改变，进退维谷，又害怕冲突，所以不论其他人用何种方式和他们相处，他们都有一个孤独的灵魂，期待有一天有人能够理解和使他们完整。那该怎么办呢？书里面提到了许多有用的方式，协助你按部就班地进行练习。从很小的地方开始，一点一滴地建立你的自信。其中有几个方法，我觉得非常有用，在这里分享给大家：

• 列出喜欢自己的部分和不喜欢自己的部分：如果这个练习对你来讲有点儿抽象，我有一个比较常用的版本，就是先列出你喜欢的东西和不喜欢的东西，这些东西可以是食物、人、

---

① 　Sowislo, J. F., & Orth, U. Does low self-esteem predict depression and anxiety? A meta- analysis of longitudinal studies ［J］. Psychological Bulletin, 2013, 139(1):213.

颜色、活动，等等，并说说看，为何你喜欢或者是不喜欢这些东西，这些东西带给你怎样的感受。当你开始试着描述你的生活，或许就比较容易去描述自己是一个什么样的人了。

• 把自己的朋友分级：人与人之间的相处，会有不同的"舒适距离"，不是所有的朋友都适合掏心掏肺，可是若跟每一个人都一样疏离，也会让你觉得寂寞、心累。试着把朋友分成几个不同的等级，在相处的时候，就不会有过分的期待（包含过多或过少的期待）。而当期待出现落差的时候，也不要马上觉得是自己的错，很可能是你把对方放在了不恰当的位置。你把对方当好友，对方却当你可有可无。调整好距离，彼此才能透气。

• 常常跟自己说"不一定是我不好"：小时候，我们看到天空的飞机，会伸出手来想象自己抓住了飞机，然后吃到肚子里。据说如果吃了一百只飞机，就可以许一个愿望。所以，你也可以把"一定是我不好"这句话写在手心上，像是吃飞机一样，假装吃进肚子里，久而久之，或许可以累积勇气。当事情发展不如预期时，你可以先承认的确有可能是自己的问题，但也可能不是。这一个小小的"可能"，就能让你从"老责怪自己"的城堡里面，慢慢挪动出来一些。

看完这本书之后，我觉得展诰想说的就是一件事情：成为一个内外一致的人。真实地面对和表达自己的感受，搬走长久以来压住自己的那块重石；不要总是用否认、防卫来逃避内心的恐惧；接纳自己就是这样一个人；在人际关系里合则来，不合则去；不去强求不适合自己的关系，也不推开那些真诚的关心。

当你愈能够更一致地接受自己真实的样子，那些长期以来卡在你胸口的内在争执，就会愈来愈小，而你和自己的关系，也会愈来愈好。

心中那个边缘的自我

蔡宇哲　中国台湾应用心理学会理事长
《哇赛！心理学》创办人兼总编辑

以前有一次跟学生闲聊时，提到我的个性很内向。当时，大家都惊讶地睁大眼睛，不相信一个在台上侃侃而谈又口若悬河的大学老师，怎么可能是内向的呢？于是，我举出很多个人经历与感受来佐证，例如，我不太敢打电话订位或询问、在公众场合会感到不自在……但依然难以说服大家。因此，看到胡展诰在著作《摆脱边缘人生——25 则人际攻略，打造有归属感与自我价值的人生》里，提到他也是个内向的人时，顿时有种被理解的感觉。

我想，每个人心中都有一个边缘的自我，差别在于这个自我对行为与生活有多大的影响力。影响程度大的，就成为大家所说的边缘人了。

"边缘人"一词在大学经常听见，其中一种情况体现在每学期刚开学时的课程分组。多数人总是可以快速地找到组员，但总是会有少数几个人孤单地待在角落。他们既不主动，也没人搭理。通常，我会尽量避免分组，如果真的有需要的话，也会尽可能地帮这些人分组，因为我很能体会这些人的心情，我在大学时代也曾经历"不敢主动找人同组"的情况。

读大学时，我是个转学生，因此与同学不那么熟。当时，有某一门课程也是要分组，我不敢踏出询问他人的脚步，一直到其他人都分完组后，我自然与其他尚未分到组的同学集合在一起，我们成了"边缘人组"。这样的组员构成听起来很悲惨，大家都是没人要的人。在我的印象中，一开始的确如此。讨论时，人人有气无力、事情要做不做的，但不知从哪一个环节开始，我们整组激发出一种"不要以为边缘人就是逊"的共同感受，从此大家齐心协力、合作无间，最后在该堂课也拿下 A 的高分。从这次经验中，我学到：边缘是一种状态，而接不接受这种状态的人是自己，只要愿意尝试做出一些改变，从边缘出发，也是可以出头的。

于是，我在课堂上，有时也会与同学分享自己那一次的经验，希望可以给学生们作参考。但由于是我个人的经验，不容易类化到其他人身上，所以总是效果有限。不过，在阅读《摆脱边缘人生——25 则人际攻略，打造有归属感与自我价值的人生》一书时，我做了不少笔记，因为作者是根据丰富的经验提出各式各样会遇到的状况后，加以分析，提供解法。我想，无论读者心中的边缘自我是属于哪一种，都能在书里找到对应的处境与方案，让心中的小人不用再孤单地待在角落。

　　在学生之间，也常流传"我边缘，我骄傲"的口号，意指边缘没什么不好，甚至可以引以为豪。其实，我非常同意自己一个人没什么不好，我很喜欢独处，甚至觉得每一天都要有属于自己一个人的时光。不过，就如书中提到的观念：之所以习惯独处是主动为之吗？独处是自在的，还是会感到孤独？先问问自己这两个问题，就明白自己的边缘状态到底是骄傲，还是嘴硬了。了解自己、正视自己脆弱的一面是非常重要的，或许是从小接受的教育一直要求我们成为一个优秀的人，以至于有时候不敢面对自己不好的一面，甚至对其视而不见。若是发展至此，恐怕会有一些人际上的问题与冲突，这就不是一句"我喜欢自己一个人"可以带过的了。

　　我还碰到过一种很有趣的情况，就是巴不得自己被边缘化，没人注意到自己，例如，在公众场合一直被人缠住讲八卦，讲个不停，逼得自己只好借"尿遁"脱身。这种"想被边缘"的情况在本书中居然也有解法？！因此，我很认同书中所说，除了要了解自己以外，我们也要了解人之间的烦恼，无论是轻微还是重大，对此，作者也提出了各种情境与解法，让大家可以对照、参考。

　　当然，无论是边缘化或是人际困扰，很难短时间内就完全解决。不过这本《摆脱边缘人生——25 则人际攻略，打造有归属感与自我价值的人生》肯定是绝佳的开始，既能让读者了解与同理自己内心脆弱的一面，然后又伸出强而有力的手拉一把，帮读者脱离那黑暗的边缘角落。

挥别困顿、挫败的人际关系

之所以写这本书，缘于内心酝酿许久的使命感。

2016 年的夏天，我辞去政府约聘心理师的专职工作，开启自己接案、独立工作的生活模式。

离职之后，我几乎每天都在不同城市与国家进行演讲、授课，推广将心理学应用于亲子教育和情绪管理的知识。我的每一场讲座都会开放听众提问，并且在讲座结束后仔细记录下这些问题。

然后我发现：无论是什么主题的讲座，听众们提出来的问题，几乎都与"人际关系"有关。

同样的问题听久了、回答久了，我逐渐感受到一股心疼与无力。

因为，即使这些问题我已经回答了无数次，在不同地方、不同国家，依旧有人因为类似的问题而受苦。这些人际议题普遍存在于家庭、职场、伴侣之间，且问题的相似性极高。

我还发现，人们因为使用不当的态度与方式来因应这些议题，结果让自己更受挫、更无助。在束手无策的状况下，只好"躲到人烟稀少的地方、尽量减少与人互动"，保护自己免受伤害。

逃避无关可耻与否，只是问题依旧存在。这些人际议题虽然不太容易处理，但并不是完全无解。

所以我决定整理出在讲座中听众们经常提问的人际议题，细致地回答这些问题，同时也提出具体的因应策略。

你是"边缘人"吗？

近几年出现一个略带戏谑、却又生动地描述人际困境的名词，叫作"边缘人"[①]。这个名词被用来形容那些看起来与大家格格不入、不擅长团体生活、无法理解众人的话题与笑点，在生活或职场上总是独来独往的人。

此刻读着本书的你，可能有感于自己已经徘徊在人际边缘许久，也或许感叹人际互动的迂回与困难。当然，你也可能认为自己在网络社群的好友人数过千、每天都与同事或朋友频繁

① 本书讨论的"边缘人"是近几年被用来形容人际困境的流行用词，而不是《精神疾病诊断与统计手册》（DSM-5）里编列的"边缘性人格障碍"。

互动，这样的自己怎么可能会是"边缘人"呢？

当"边缘人"，不好吗？

我听过有些人宣称"我边缘，我骄傲"，借此表达自己过得很好，强调自己无须为人际关系改变些什么；有些人则是害怕被贴上"边缘人"的标签，仿佛觉得与"边缘人"扯上边就等于是有缺陷、有问题的人。

其实"边缘人"不等于"不好的人"，"边缘人"只是一种人际关系的状态。

重点是：一个人何以会走到人际的边缘地带？为何找不到有效的人际互动技巧？他能否觉察自己在人际互动中的困境？他想要改善自己的人际关系吗？

唯有探索这些问题的答案，才能提升经营人际关系的能力。请你问问自己，这些状况是否经常发生在你的身上？

• 无聊时就想找人互动，却无法从互动中获得意义或满足感。

• 总是牺牲自己讨好别人，却又讨厌这样的自己。

• 与人相处（工作、玩乐、学习）总觉得疲累、不自在，想逃离人群。

• 好不容易逃离人群，独处的时候却又经常感到孤独寂寞。

• 与人互动时总是战战兢兢，深怕一不小心就引发误解或冲突。

• 想与人建立关系，但是对自己的互动技巧缺乏信心。

- 比起找人讨论问题，宁愿独自咬牙面对困难。
- 逐渐抗拒向他人表达内心真实的想法、感受与需求。

这些人大多数时间并非独处，内心却觉得无比孤独。他们每天看似生活在人群之中，却像是森林里的一棵孤单的树木——永远与其他树木保持着看得到，却碰触不到的距离。

这样的生活会造成什么负面影响？

"边缘人"带来的负面影响

心理学家阿德勒（Alfred Adler，1870—1937）认为，人类是群居性的动物，如果无法与团体相处、无法从人际中获得归属感与意义感、无法产生想要与人相处以及帮助别人的意愿（阿德勒称之为社会情怀），就可能会因为适应不良而产生种种心理问题。

无法从人际关系中获得归属感与自我价值的人，很可能因为长期累积的挫败、无助，对人际互动失去希望感，并且害怕在人际关系中受伤。因为恐惧与人互动，也为了保护自己，所以开始有意无意地与人群保持距离，渐渐地让自己变成边缘人。

很可惜，科技的发达虽然让沟通更便利，全世界各个角落也似乎因为先进的媒体相互串联，但人与人的关系并没有因而变得更加亲近。

时至今日，许多人际互动都被手机与电脑所取代。但是网络上的互动往往缺乏对他人的观察与辨识，也因为没有真实的接触，人们可能将自己包装成另一种样貌。你可能善于在网络上畅所欲言，却无法在真实的世界里自在地与他人说上一两句话。

这种互动无助于提升真实世界的人际互动能力。

无论何时何地，只要独处时就习惯掏出手机或平板电脑的人，当他滑开屏幕、以为不再孤独的那一刻，却只是再次将自己推向更边缘的地带。

那么，到底什么是"边缘人"？"边缘人"的内心世界长什么样子？这就是本书要讨论的重点。

- 边缘人是一种害怕人际关系、想要躲避人际互动的心理状态，他们与别人的心理距离是疏远的。
- 经常与人打成一片，不代表不会孤单；一个人独来独往，也不等于是边缘人。
- 边缘人的形成往往是长时间累积的结果，而不是突然发生的意外。如果想要改变，当然也要给自己一段时间来调整。

多多与人互动，就能脱离"边缘人"的处境吗？

想要摆脱"边缘人"的处境，不是下载更多的交友 APP、安排更多社交活动，也不是删除独处的时间、逼迫自己浸泡在交际应酬中。做这些事情，不但无法减少你内心的空虚感，往错误的方向努力，还可能让你更觉得空虚与受挫。

边缘人的内心有三种核心情绪：孤独、恐惧，以及深刻的无力感，这三种情绪彼此交互作用，让人逐渐丧失与他人互动的意愿与动力。如果没有觉察这些情绪的存在、了解这些情绪如何影响自己，无论你如何改变外在的行为，效果都是有限的。

这本书将会帮助你检视自己的人际关系。

你会在阅读的过程中清楚地看见自己与人互动的模式、厘清自己对人际关系的期待，并且最重要的是：重新建立一套健康的态度，更有效的人际互动策略，帮助自己打造更正向、更满意的人际关系。

如果你想要改善自己的人际关系，渴望摆脱过往害怕面对冲突却又不知道该如何处理人际互动的复杂情境，书里提到的许多例子和策略，可以为你提供很实际的指引。我相信，这本书将会引导你开启人际关系的崭新篇章。

第一篇

重新导航：打造坚韧心态

在众声喧哗的人群中感到压抑，

在安静独处时，独自舔舐着寂寞。

因为缺乏互动技巧，也不具备独处的能力，

于是让自己变成『边缘人』便成了表面上看似安全，

其实是将自我放逐到人群之外的选项。

一、你我都可能是边缘人
——边缘人，跟你想象中的不一样

提到"边缘人"这个名词，有两个人很快浮现在我的脑海中。

第一位是我的学生阿棋。他是一名初中二年级的男生，体形圆滚滚，个头不高，课业成绩不甚理想，还有些吊儿郎当。他在学校总是独来独往，没有特别隶属于哪一个团体。导师起初有些担心他是否遭到霸凌或排挤，但是每次找他来办公室问询，他都耸耸肩，一脸无所谓地回答："还好吧，我觉得没什么。"

后来我在社交网络上发现，他擅长各种乐器，从小自学爵士鼓、吉他、钢琴、古筝，经常利用课余时间观赏各种艺术表演，甚至数次独自到国外参加音乐比赛。

某次上课，我邀请阿棋上台分享他的音乐自学之旅。没想到他一张投影片都没有做，好整以暇地倚靠在讲台边，用一个个旅行故事紧紧吸引了全班同学的注意力。直到下课铃声响起，同学们还是意犹未尽地要他继续分享故事。

另一位则是结识多年的好友 Peter，拥有哥伦比亚大学博士学位的高才生。

求学的过程中，优异的成绩经常让他成为众所瞩目的焦点。同学、家长、老师，没人不知道学校有这么一号近乎天才的人物。博士班才毕业，他就被一家金融公司重金礼聘回台湾工作。如果要用一个通俗点的词来形容他，大概就是"人生赢家"。

我曾经造访 Peter 在内湖购置的豪宅，偌大的房子空空荡荡，除了几样必要的家具外，什么东西都没有。他说，反正待在公司的时间比住在家里久，而且也没什么人会来做客。

从小他就很独立，不太需要大人操心，老师与家长总是拿他作榜样，同学则争先恐后向他请教难解的数学题。久而久之，除了课业与工作之外，他再也找不到其他与人互动的交集。他独自到国外念书生活，并学会用工作填补生活的空白。

"以前大家只关心我的课业和工作，不知道从什么时候开始，我爸妈突然开始要我多去认识朋友，要留意有没有好的对象。"Peter 苦笑，"可是我早就忘记怎么交朋友了。"

看完这两人的故事之后，你认为谁更像边缘人？

发生了什么事？心理师这么说——

"我从来不说话，因为我害怕没有人回答；我从来不挣扎，因为我知道这世界太大……"——《让我留在你身边》，陈奕迅

"边缘"是个人的主观感受

让我们将世界想象成一个大圆圈，大多数人都住在圆圈里面，他们之间的互动很频繁，拥有相近的信念与价值观，用类似的模式生活，这是我们认为的"一般人"。而在圆圈的边缘，甚至在圆圈之外，还有少数独自活动着的小点，他们的价值观不同于圆圈内的人，较少与别人互动，大家对他们的了解可能也不多，这些少数人往往会被我们贴上"边缘人"的标签。

如果依照这种标准来看，阿棋应该会被归类到边缘人，而Peter 则是住在圆圈正中央的焦点人物。但实际上，他们两人内心的幸福感与归属感却大相径庭。

一个看似身处团体中央、人际互动频繁的人，内心却可能感觉与人群疏离、不自在，并且难以从人际关系中获得归属感；相对地，有些人虽然朋友不多，却能从少数的互动中获得充实、满足的感受，既能享受独处的时光，也能轻松地选择与谁相处，以及与他人互动的方式。

所以，边缘人其实是一种主观的心理感受，而不是客观的表面现象。

边缘人的特征

边缘人有三种主要特征：

1. 内心经常觉得与人群疏远，与他人互动时觉得不自在，也无法从人际互动中获得有归属感与意义感的正向经验。

2. 总觉得别人不理解自己，并且也不太理解别人到底在想什么。对人际互动抱持负向的想象与预期，深信人际关系充满危险。

3. 虽然内心孤独，却又害怕走近人群。他们或许是在过往的人际互动中遭遇过负面经验，因为害怕再次受伤，也担心没有能力保护自己，因而深信自己无法拥有正向的人际关系。也因为长时间使用负向的视框来解读他人与自己，久而久之，就会产生无助的感觉，并且对人际关系失去希望与热情。

摆脱边缘人生的真正目的

这本书的目的当然是要带着你逃脱边缘人的行列。

但是请你放心：摆脱边缘人生，不是要逼迫自己建立庞大复杂的人际关系，把大部分的时间都耗费在人际互动上，让自己成为团体当中的焦点人物。绝对不是这样的。

摆脱边缘人的目的在于帮助你：

1. 了解自己的人际需求，帮助自己调整人际互动模式。

2. 既能够自在地与人群互动，也可以安心地选择独处。

3. 获得有效的人际互动技巧，提升对自己与他人的理解，同时减少不必要的冲突和误解。

三大策略，打造健康的人际关系

万丈高楼平地起，绝世武功从头练。如果你希望摆脱边缘人生，却又害怕与人相处；如果你渴望与人互动，却找不到合适的方法；如果你总是害怕与人发生冲突、担心伤了彼此的和气……那么请你给自己一个机会，通过这本书的引导，你绝对有能力改善这些窘境。

我会逐步引导你学会脱离边缘人的三大策略，你可以循序渐进阅读，也可以直接挑选你最需要的章节优先练习。

1. 重新导航：打造坚韧心态

语言与行为反映着一个人的态度与价值观。一个竞争心强的人，时刻都会通过跟别人比较来肯定自己；一个自卑的人，经常会将别人的称赞扭曲成贬抑。不管他们多么努力让自己显得不在意别人的成就与评价，内心依旧很煎熬。

我们要开始练习调整内在那些难以觉察，却又对人际关系有害的态度与价值观，这样才不会经常因为钻牛角尖而被困在负面情绪里，也才能拥有更多弹性空间，打造自在的人际关系。

2. 有效互动：拉近彼此距离

缺乏有效的互动技巧，经常被别人误解。明明是想安慰对方，却让对方听了更生气；想要关心对方，却经常提出令人尴尬的问题；想要向对方撒娇，却让对方冷汗直流……学习有效的互动技巧，帮助你清楚地表达自己的意思，让彼此沟通更精确，减少人际交往中的误解。

3. 有效防御：提升冲突解决力

冲突是人际互动中无法避免，却又令人害怕的情境。有些人因为过于害怕冲突，选择封闭自我，以为这样才是最安全的做法。但这么做，同时也失去了练习解决冲突的机会。

其实"冲突"也是一种沟通的形式，冲突的力道有多大，就代表我们有多么希望被别人理解。无论过往是否有让你耿耿于怀的冲突经历，这本书会与你分享许多策略，提升你的冲突解决能力。

相信我，这些策略都不难！

真正困难的，是你愿意下定决心改变现状，跨出第一步，为自己打造健康的人际关系。

放轻松，也放慢脚步。给自己一些时间，每天前进一小步，持之以恒，让我们一起迈向更自在的人际关系！

二、边缘人，是从"恐惧"开始的

——各种恐惧交互作用，将人推向边缘地带

夜深人静时，回想起今日的遭遇，阿志沮丧地用被子蒙住脸，他觉得今天肯定是自己的水逆日。

大清早，他赶着出门上班，门一拉开，邻居的汽车"又"蛮横地挡在他家门口，他皱了皱眉头，费尽九牛二虎之力，才把摩托车从缝隙中牵出家门。

在人满为患的早餐店排队许久，正准备点餐时，一位大婶不知从哪儿冒了出来，用极为缓慢的速度点餐、犹豫、修改……眼看就要来不及上班了，他皱了皱眉头，只好放弃早餐。

走进办公室，隔壁同事正在聊天，又把吃到一半的汤面搁在他的办公桌上，桌垫上留下一摊明显的油渍。他皱了皱眉头，把面碗小心翼翼地移到旁边，拿出湿纸巾，擦干桌面。

中午轮到他订餐，他问同事想吃什么，大家头也不抬，意兴阑珊地回答："都可以，随便。"他努力回想前几天的餐点，

从目录里仔细排除重复的店家。好不容易便当来了，饿了一上午的他终于可以吃点东西时，抱怨的声音四起："啧！干吗订这一家啦？难吃死了。""没有别家可以订吗？""要吃这家，还不如吃泡面。"听着这些抱怨，他又皱了皱眉头，一语不发地躲在屏幕后方吃饭。

下午，同事说孩子明天要去露营，他要去当志愿者，阿志正在纳闷对方为什么告诉自己这件事情时，同事接着就说要和他换班，并且已经跟主管讲好后三天都由阿志代班。他瞪大眼睛看着同事扬长而去的背影，脑袋里想着明天本来计划要去拜访女友的父母。

晚上回到家，远远就看见邻居的汽车"又"挡在他家门口。汽车引擎盖还冒着热气，显然也是刚回来。他站在门口，一股怒气由脚底蹿上来，脑海中闪过各种报复的手段：用钥匙剐花烤漆、在轮胎前后撒钉子、把喝剩的奶茶倒进加油孔、用保鲜膜把整台车子捆起来……

当然，他只是在心里模拟报复的戏码，最后他什么都没做，更遑论去按邻居家门铃，找对方理论。望着黑漆漆的天空，阿志像是一个泄了气的皮球，带着满腹委屈走回家……他心想："这世界好黑暗，人心好险恶。如果可以独来独往该有多好！"

"说出来又有什么用？还不是一样被误解、被讨厌？"

"我明明很用心帮忙，为何别人总是不领情？"

这种看似倒霉透顶的经历，其实是许多人的日常片段。差别在于有些人会尝试找到与对方沟通的策略，避免类似的状况一再发生；有些人则选择相信事情不可能改善，自己也没能力改变人际互动，觉得地球充满危险，唯一的方法就是远离人群，才能确保自身安全。而后者，正是"边缘人"在面对人际困境时，经常采取的思考方式与行动。

问题是：面对同一件事情，为什么人们会有如此截然不同的反应？

发生了什么事？心理师这么说——

阿德勒曾提出生命风格（life style）的概念，这是一个人从幼年时期接受的教导，成长过程中经历过的大小事，以及与人互动的经验中，慢慢建立起来的一套抽象架构。生命风格是个人生存的重要指引，每一个人的生命风格都不同，所以看待自己、解读世界、采取行动的想法，也都不尽相同。

边缘人的生命风格

1. 对自己：觉得自己不好

如果你一直在人际互动中跌跤，找不到适当的人际互动方式，难免会产生无力感，甚至开始质疑自己："是不是我不够好，别人才不喜欢我？"一旦有了这种信念，你就很难喜欢自己。

边缘人对于人际互动，经常抱持着"无能为力"的信念。他们觉得自己不可能交到好朋友，觉得自己会被排挤，就算对别人亲切友善或努力付出，也无法获得正向的回馈。

"自我验证预言"就是指这种现象：一个人愈是抱持"我没有用"的信念，就愈容易把眼光放在失败的结果上；或者明明结果没有不好，但还是会努力从过程中找到蛛丝马迹，来证明自己的努力一点意义都没有，甚至扭曲某些实际上还不错的成果。

2. 对别人：觉得别人太严格、不友善

边缘人经常觉得别人不理解他们。他们一方面觉得受到打击，一方面也会认为别人是严格的、不友善的，因此认为这个世界是危险且难以生存的。

他们不求别人的喜爱，只希望不要继续在人际互动中受伤。他们相信，如果想要保护自己，最好的方式就是"避免犯错"，才不会落人口实，受到攻击。

3. 行动策略：用尽全力，避免犯错

因为觉得自己能力不足，加上觉得别人很严格，想要在这么严苛的环境下生存，他们就会提醒自己"多做多错，少做少错，不做就不会出错"。为了保护自己，所以干脆就不要有任何作为，避免任何出错的可能性。但是这种不作为的策略，却会让自己更退缩、更边缘化，同时也与他人更疏远。

从另一个角度来看，当一个人觉得自己不好、不喜欢自己

时，他也不会相信别人是真心欣赏他，也不信任别人的友善行为。因为质疑而与他人保持距离，当然也会促使别人远离他们，而这又让他们更加确定："看吧，他们终于露出原形了。"

所以边缘人的形成，往往来自这种负向循环：觉得自己不好，不喜欢自己→不相信别人也会喜欢自己，觉得别人都在批评自己→疏离、与他人保持距离→别人也开始与他们保持距离→更相信别人是不友善的→更讨厌这样的自己→……

"恐惧"将人推向孤独的角落

大多数人面对跟阿志一样的遭遇时，会觉得愤怒、委屈，却又选择忍耐而不是说出来。这是我们的内在恐惧在作祟。

1. 害怕冲突

为什么不说出来？因为你怕对方会生气，怕引发冲突，怕有无法预期的事情发生。

为了避免冲突，你选择压抑内心的愤怒和委屈。慢慢地，你开始减少与他人接触，这是自我边缘化的起点。当别人开始感受到你的"远离"后，也可能选择与你疏远，然后，你开始感觉到自己被边缘化。这时，你就更强化了原本的假设："别人是不友善的，和他们相处会被伤害，所以我要离他们远一点。"你的人际关系也因此逐渐走向边缘地带。

- 一般人的内在对话："他从来没有在乎过我的感受，我为什么要在意他会不会生气？"
- 边缘人的内在对话："我如果说出来，对方要是生气了，该怎么办？"

2. 害怕失败

"你都还没沟通，怎么知道对方会怎样？"

"可是我害怕他会生气……"

"说不定试了之后，会发现没有你想象中的恐怖。"

"可是我觉得我一定没办法把话说清楚，会把事情搞砸……"

我们经常误以为边缘化的人一定是缺乏与人互动的意愿，其实并非如此。有些人是因为害怕失败，对自己缺乏信心，所以他们连去尝试的行动都没有。

换句话说，他们或许不是一开始就欠缺沟通的意愿，而是脑袋里有太多非理性的灾难化预期，削弱了行动的勇气。

- 一般人的内在对话："成不成功是另一回事，至少我试着说出来了。"

- 边缘人的内在对话："就算我说出来，结果肯定也是不好的。"

3. 害怕复杂的社交情境

可别小看了边缘人，误以为他们总是畏惧退缩、不善言语，连最基本的社交技巧都不会，如果你这样想就错了。

许多边缘人都具备一定的社交技巧，甚至能够谈笑风生，必要的时候，也可以与他人以客套的态度"高来高去"。只是他们并不喜欢这种互动方式，也无法从中获得意义感。

不过，对边缘人而言，面对较为复杂的社交情境，他们可就要浑身不得劲儿了。

"复杂的社交情境"涉及隐微讯息的觉察、辨识与响应。这些隐微的讯息通过语言或非语言讯息来传递，例如肢体语言、话中有话、双重讯息，等等。在日常生活中，如面对尴尬的情境、发生冲突、被别人误会、想拒绝别人的请求等，都属于相对复杂的社交情境。

因为不知道该如何响应，或者因为误判情势，做出了不当的响应，很可能会让别人觉得他好像"怪怪的""没有眼力见儿"。因为相处有点尴尬，不知道该怎么互动，渐渐地就与他疏远了。

这种互动的结果让边缘人很受挫，也很受伤，进而对自己、对人际互动给出负面评价。

其实，人际关系本来就很复杂，误会与冲突是难以避免的。可是，往往只要学习不同的互动策略，甚至是换个环境、换一群人相处，就会有不同的结果。

• 一般人的内在对话："这些人好难懂，我要寻找比较好相处的朋友。"

• 边缘人的内在对话："这世界好复杂，我必须尽可能避免与人接触。"

关于边缘人，你该具备的态度

1. 边缘人不等于成就低落的人。

2. 边缘人不等于人缘不佳的人。

3. 边缘人不等于个性怪异的人。

4. 不说话，不代表没有想法。

5. 边缘人并非都畏惧退缩，不善言语。

6. 并非个性高傲孤僻，缺乏与人互动的意愿。

7. 并非故意"冷场"，让场面变得很尴尬。

8. 并非装傻不回答，或故意回应奇怪的答案。

三、"喜欢自己"是摆脱边缘人生的第一步

——不够好，也没关系

做讲座时，听众最常提问的三个问题中，一定有这一题："我为什么不喜欢自己?"有九成的听众会继续追问："怎样做，才能喜欢自己?"

每一次，我都会卷起袖子，半开玩笑地请主办单位再给我几个小时，让我好好回应。

几乎所有的边缘人都不太喜欢自己，他们在人际互动中累积许多挫败经验，无法从人际关系中获得价值感与归属感。换句话说，他们经常在与别人的相处中觉得自己是没有能力、不被喜欢的，也经常怀疑是因为自己不够好，所以别人才不喜欢，因而无法像其他人那样轻松地与团体打成一片。

但是，如果一个人总是将人际互动的负面经验归咎于自己，又怎么会喜欢自己呢?

这是一个很重要的问题，所以我想多用一些篇幅好好地

回答。

"生长在这个文化环境中，我们是很难喜欢自己的。"我经常这样说。

请你仔细回想，我们从小被灌输了哪些概念？

◆ 要谦卑，勿自满：无论你表现得多好、多努力，都不能对自己太满意。

◆ 要为人着想，手心朝下：为自己好、争取自己的权利，是自私的、不对的。

◆ 要乐观积极，勿自怨自艾：避免负面情绪，那是脆弱的表现。

◆ 要顺从，合群：要以别人的意见为主，不要强出头，勿与人意见相左。

◆ 要把批评当良药，至于称赞，听听就好：你只值得别人的批评，而那些赞美你的话都是假话，你并没有这么好。

◆ 要听父母的话：这句话本身没有什么问题，问题出在大人往往不太仔细听孩子说的话，也不允许孩子有自己的想法，认为他们的想法都是幼稚、没有价值的。

◆ 不管别人怎么说，你都要学会欣赏自己：话是没错，问题是如果前面几条你都认真听进去了，并且深信不疑，那你到底要拿什么来欣赏自己？

我把这些概念称为"教条"，因为当大人在告诉你这些话的时候，他们不允许你反驳，也要求你把这些观点当成为人处世的道理。

这些教条都暗示着："你是没有能力的、没有价值的，不能只顾自己，不能太过坚持自己的想法……"我问你，如果一个人从小就接受这些观念，把这些教条当成生活指南，他要如何喜欢自己？

虽然"喜欢自己"四个字不难写，也不难理解，却不是说到就能做得到的事。但若是想要脱离边缘人，学习"喜欢自己"绝对是最重要的任务。

如果连你都不喜欢自己，又如何相信别人是真心喜欢你？如果你总是觉得自己很糟糕，当身处人群时，也会时时刻刻害怕别人用鄙视和嘲笑的眼光注视你。这么一来，你当然想逃离人群，躲回边缘地带。

好消息是，"喜欢自己"是一种可以从各方面同时着手的行动，只要你愿意行动，有许多切入点可以帮助你重新建立起对自己正向的观感。

如何才能喜欢自己？心理师这么说——

调整不切实际的自我期待

心理学家卡尔·罗杰斯（Carl Rogers）认为，当一个人的"理想我"与"现实我"差距太大时，内心就会产生不舒服的感受。

例如，若一位老师总是想要满足所有家长的期待（理想我），无论怎么努力，只要有少数家长表达不满（现实我），他就会感到挫败，并且否定自己的努力；一名员工规定自己年年都要晋升、加薪（理想我），因而相当努力，但只要有一年的考绩不如预期（现实我），他就会谴责自己、抱怨环境；一个学生只允许自己当全校第一名（理想我），只要有一次拿了第二名（现实我），就会觉得天崩地裂、前途无望……

对自己有所期待、设定想要自我超越的目标并没有错，但是，你设定的目标符合现实、适合自己吗？我们总是批评那个没有达成目标的自己，却极少去检视我们设定的目标到底实不实际，是否超出自己的能力太多？是否忽略了一些环境中无法掌控的因素？

"没有达成某些目标"是事实，但那不等于"自己不好"，这两件事不该被画上等号。有时候问题是出在我们对自己抱有了难以实现、不切实际的期待。试着调整这些期待，你会发现其实自己表现得还不错。

满足别人的"部分"期待即可

你对自己的期待，真的是发自内心的吗？

设定目标没有错，想要往更好的方向前进，也没有错，问题是：这些期待是谁设定的？你可能以为是你自己设定的，但仔细想想："如果达到了这些目标，你最想先让谁知道？你觉得谁会最开心？"只要这个"谁"不是你自己，那么这个期待肯定也不是你原本就想要的。

当然，想要"达成某些期待，让某人感到开心"也不是不行，可是你在这个过程中的感受是什么？除了满足别人的期待以外，你也喜欢这样的自己吗？除了别人满意、开心以外，你自己的想法又是什么？在满足他人的过程中，你是否牺牲了某部分的自己？

从今天起，请提醒自己：开始学习满足他人的"部分"期待即可，然后把力气省下来，做一些自己真正喜欢的事情。

少与他人比较

我们的文化里有一种具有破坏性却又习以为常的行为，就是互相"比较"。只要有比较，就会有输赢或优劣之分。可是，为什么一个人的价值必须通过和别人比较才能彰显？

有些新手妈妈聚在一起，就会在"亲子教养"这件事情上明来暗去地较量，原本只是带孩子出来散散步、聊聊天，却弄得彼此不愉快。

说真的，别人如何教养、如何与孩子互动，跟你有什么关系？每一个家庭的环境、每一个孩子天生的气质，以及每一个母亲的成长背景都不尽相同，根本无从比较，也不需要比较。

虽然像薪资、财产这些数字的确容易比较多寡，但这种比较一点意义都没有。虽然金钱的确可以让人拥有比较满意的生活质量，但现实社会中经济能力有限却过得幸福美满的家庭比比皆是。

至于业绩、表现，你或许会通过与同事比较来激励自己，这没什么不好。但是如果比较的结果是促使你中伤他人、批评自己，这些数字就不再是砥砺你向上的良善动力，而是将你捆缚在负面情绪里的毒药。

另外，我们与孩子的相处质量、对生活的满意度、婚姻关系的亲密度、对自己的肯定和成就感，这些都是难以量化的主观价值，你自己觉得满意、幸福最重要，一旦和别人作比较，就会衍生出许多无谓的担心和负面情绪。

试着问自己："我喜欢现在的生活模式吗？在目前的生活与人际关系当中，我喜欢的是哪些部分？哪些部分让我觉得幸福？""我该做些什么让这种幸福的感受能够延续？"这些对你来说才是重要的。

至于别人过得如何，怎样炫耀他们的生活，都跟我们无关。

允许自己有不足

即使觉得自己不够好，也没有关系。

一个"不允许自己犯错"的人，必须耗费许多力气武装自己、掩盖自己不满意的部分，必要时，不惜与他人争辩，即使破坏关系，也要维持自己看起来很完美的形象。

在你努力维持的那一份完美背后，说穿了，往往只是不堪一击的自卑。

你发现了吗？当你因为害怕被责备、被鄙视时，你必须花很多力气证明自己是对的、是最优秀的。当你这么做的时候，也就封闭了内在与外界交流的通道，你不再开放自己接受善意的、有效的讯息，而是把每一个声音都当成是攻击、批评的箭矢。所以你也会用猜忌的心态来看待这个世界，因为你觉得大家都在针对你。

这样的你，又怎么会活得自在呢？

如果能诚实面对自己不够好的部分，愿意接受不够好的自己，不批评自己，你的日子也会过得比较轻松。

当我愿意承认自己这阵子的确比较胖时，就不会盲目地去购买那些虽然好看却根本穿不下的衣服。我愿意买现阶段适合我的衣服，也会提醒自己需要好好正视与调整健康状况。

当我承认自己的教养策略需要调整时，才愿意真心诚意地寻找资源、虚心学习，同时也能够欣赏自己做得还不错的部分，而不是去攻击别人，与别人作比较，以此来证明自己完全不需要改变。

当我承认自己的婚姻关系面临困境时，才有机会停下脚步，思考到底发生了什么事。我们还在意这段关系吗？愿不愿意为了这段关系再做一些努力？要如何努力？

只有承认并接受自己不够好，才不需要花太多时间和精力去欺骗别人、责备自己。也只有承认并接受自己不够好，你的内心才有足够的空间去接纳更多不同的可能，也才有机会改变自己。

不够好，又怎样？

喜欢自己，必须发自内在

穿喜欢的衣服、买喜欢的东西、把家里布置成喜欢的风格、发展各种兴趣，或许都能让你开心，你也会喜欢做这些事情的自己。

然而，喜欢自己不能只是凭借外在的事物，因为左右着你如何看待自己与外在环境的，是你内心那一套解读世界的观点。

调整你的内在观点，才可能移动你的视框。视框移动了，你看待自己、看待世界的角度就会有所不同。

不管是自己满意的还是不满意的部分，都是真真实实的存在，都不需要花力气去伪装或否认。从此刻开始练习，对于自己喜欢的部分大方地给予欣赏，不喜欢的部分就尝试调整。

至于别人如何看待我们，终究不是我们能决定的。

📝 练习

1. 本章提到了几条我们从小被灌输的"教条"，其中有哪些你觉得很耳熟？这些教条如何影响了你对自己的看法？

2. 本章提到了哪些可以用来练习喜欢自己的策略？对你而言，哪几种比较容易尝试？

3. 试着探索自我，写出你对自己喜欢与不喜欢的部分

（可以是具体的行为，也可以是抽象的态度或个性）。

	喜欢自己的部分	好处与坏处	调整的策略
范例	有话直说	好处：让别人更了解我的需求和想法 坏处：有时会引起冲突	维持有话直说的风格，但表达时口气委婉一些，减少冲突。
1			
2			

	不喜欢自己的部分	好处与坏处	调整的策略
范例	不敢说出真实的想法、感受或需求	好处：避免成为被攻击的对象 坏处：被误解、受委屈	先从比较不具攻击性的想法开始表达。 先从比较友善的人开始练习表达。 说说看，又不一定会引起冲突或危险。
1			
2			

四、提升冲突解决力

——害怕面对冲突，躲避人际互动

奥地利心理学家阿德勒有一句名言："所有的问题，都是人际问题。"

这几年，我在许多地方演讲，对象包括从小学到大学的学生及家长，以及从事各行各业的成人。在两至三个小时的演讲里，我最期待的是开放提问的时刻。借听众们提出来的问题，可以帮助我更进一步了解他们的生活，知道他们正在面临哪些困境。

为了提升响应听众问题的能力，每一次工作结束，在乘车回家的路上，就算再疲累，我一定会翻开笔记本，把当天被问到的问题一一记录下来。多年下来，这些"问题"写满了好几本笔记本。

我翻阅了这些问题，并加以分类，然后惊讶地发现，这些问题正如阿德勒所言，几乎都与"人际"有关，而且通常都聚焦在"冲突"上面。比如：

◆ 和家人或朋友发生冲突，不知道该怎么处理。

◆ 觉得自己明明是为对方好，结果对方非但不领情，还引起了误会。

◆ 很讨厌某个同事，但又不可能因为他而离职。

◆ 已经习惯独处，却又觉得孤独。

◆ 总是无法拒绝别人的要求，担心会被讨厌。

◆ 总是拉不下脸，无法好好地向别人道歉。

◆ 想安慰别人，却总是搞砸，让对方更难受。

◆ 觉得和人相处很困难，干脆把自己封闭起来。

冲突，令人感到挫败、无力

虽然冲突本身也是一种沟通的形式，但是冲突所带来的情绪张力的确让人不太舒服，而且当一个人过于频繁地处于冲突情境，或者经常要处理对自己而言太困难的冲突，难免会感到无力、疲惫，甚至忧郁。这些负面情绪也会令人觉得不被理解、不被尊重，甚至让人觉得孤独、无助。

我们的文化一方面鼓励我们不要畏惧冲突，一方面却又教我们要以和为贵，退一步才能海阔天空，却从未教导我们学习用更有效的方式面对冲突。

面对冲突往往是令边缘人最难受的情境。对边缘人而言，并不是孤独的世界太迷人，而是觉得现实的世界太危险。换成是你，如果经常面临难解的人际冲突，难道不会想逃离令人无力又充满危险的人际关系吗？

如何才能完全避免冲突？

如果在大学校园看到一大群人一起行动、吃饭，那很有可能是大一的新生，因为对环境的陌生，形成了一个相对熟悉的群体。经过一年的相处，行事风格与价值观的差异就会渐渐浮现，人际冲突也随之增加，因此到了大二时，班上会出现很多小团体。

你或许会觉得这样的情形很可惜，然而我们正是在这个过程中，逐渐探索出了自己的社交风格：喜欢与什么样的人相处？如何与不喜欢的人相处？如何尊重与我们不同的人？

每一个人都是不同的个体，拥有独特的想法、需求、价值观。人与人之间的互动，就是彼此冲撞与磨合的过程。所以，除非你独自过着离群索居的山顶洞人生活，否则冲突是不可能完全避免的。

事实上，"冲突"是相当珍贵的经验。虽然大部分人都害怕面对冲突，但冲突却能够帮助我们更清楚自己重视的是什么，别人的价值观又是什么，如果能够从中提升对自己、对他人的理解，就能更顺畅地沟通，从而减少人际交往中的冲突。

舍弃有害的思想

正如武侠小说里总是强调"武功只是形式，态度才是王道"一样，处理人际冲突最困难的部分，不在于各式各样的

"技巧"，而是调整那些深植在我们内心，鬼魅般如影随形的"声音"，像是：

◆ 以和为贵，才是美德。

◆ 为自己好，就是自私。

◆ 坚持己见，就是固执。

这些声音来自对传统文化价值观的误读。传统价值观有利有弊，如果我们没有经过审慎的思考与筛选，就将这些价值观当成是唯一的真理，那就像是不考虑自己的特质，将所有大家认为好看、舒服的衣服全都套在身上，这样的搭配不但显得怪异，也让你寸步难行。

想要提升处理人际冲突的能力，最好的方式绝对不是极力远离冲突、漠视冲突的存在；相反，你必须靠近冲突、认识冲突，并且了解冲突与我们之间的关系。

如果你想要提升解决人际冲突的能力、学会解决冲突的技巧，首先要练习检视自己的想法，把那些文化与环境强加的价值观，对于冲突的恐惧和误解，对他人不切实际的期待等，一一松绑。

你需要一套崭新的策略

我常在公共场合看到父母对着孩子说："我数到三，你再吵试试看！"然而当数到三的时候，孩子哭得更大声了。

怎么办呢？众目睽睽之下，父母通常会强装镇定、提高音量："咳咳，听到了没？我再数一次，一、二……"

我相信，其实孩子都有"听见"，也不是故意"不听话"，只是当下他真的"听不进去"。不管你念得多大声、念几遍，都不会有效的。

孩子当下的"坚持"（大人视之为"顽固"）经常是处于"情绪"层次，但我们通过语言，要孩子停止行为，则是在"认知"层次上的施力，所以亲子双方像是在不同的频道上，各自用力地表达，却都没有理解彼此的声音。

这本书的重点不在于讨论亲子教养，举这个例子只是想告诉你：人们总是习惯性依赖过往的经验，倾向使用自己熟悉的方法来解决问题，即使这些方法并不管用。可是我们经常会重蹈覆辙，然后一次又一次遭受挫败、累积无力感，认为"原来我的能力很糟糕""无论我怎么努力也没用""我总是遇到不好的人"……

这种结论当然是错误的，因为你和对方可能都没有错，只是用了不适当的方式沟通，因而创造出更多的问题，制造了许多无谓的冲突。

改变自己，才能提升冲突解决力

为什么人们依赖惯性，倾向使用旧有的方式来行动？

有一部分原因是为了"节省力气"：学习新的事物往往需要推翻既有的想法、否定自己过去采取的行动，这会让我们产生认知失调（请参考第二十一章）而感到不舒服，且学习陌生的新技能也得耗费额外的心力（回想你刚开始学习骑脚踏车、开车时，是否都投入不少力气）。为了节省力气，人们总是倾向于使用虽无效却相对习惯的旧策略。

另一个让我们沿用旧策略的原因，则是我们缺乏更有效的方式。我们生活在一个不擅长处理冲突、害怕面对冲突的环境，从小我们就被提醒宁可认错、赔过，也尽可能避免与人发生冲突。所以我们不但没有学过如何正确面对冲突，甚至还对冲突抱有恐惧感。

所以，有些父母不断地帮孩子转学，有些人频繁地换工作，有些人在亲密关系里一再更换伴侣，总以为换个环境、换个对象就可以解决问题。这种态度依旧是把责任归咎于外在环境，却不愿意面对自己内在那一份对于冲突的恐惧。

练习、练习、再练习

我其实是一个内向的人。

听过我演讲的读者可能会有些怀疑："怎么会呢？你经常讲笑话，逗得听众开怀大笑，在演讲中分享的故事也常常让人感动落泪，而且你本身又是心理师，怎么会是害羞的人呢？"

我到现在都还记得好多年前第一次登台演讲的经历。一个小时的讲座，我准备了一个多月，后来我在台上几乎是用背稿的方式，满身大汗地"念完"人生的第一场讲座。那一个多月相当难熬，有几次甚至焦虑到失眠、怀疑人生。

当时的我怎么也没想到，几年后，演讲竟成了我的主要工作之一。现在的我可以将现场观察到的现象立刻融入演讲，即

使投影机发生故障，也能持续演说，并且能够自在流畅地响应
听众的提问。

这一切是怎么办到的？

我用的方式你们一定都懂，也都很熟悉，那就是：大量的
练习。

是的，想改变过往的行为、学习一套新的策略，除了调整
态度、学习技巧之外，最重要的事情就是练习、练习、再练习。

是时候把过往那些无效的观点与技巧放下了，本书的第三
篇将会教给你关于有效处理人际冲突的新观点、新技巧，用来
应对那些令我们不太舒服的情境。

面对冲突，你要具备的新观点

1. 提升冲突解决能力，从改变自己开始。

2. 冲突真正的目的是沟通，而不是攻击对方。

3. 冲突帮助我们了解彼此重视的需求与价值。

4. 提升冲突解决能力，需要时间慢慢地练习。

5. 冲突固然令人害怕，但往往也是带来改变的契机。

五、已经习惯独处，却又害怕孤独

——善用"分级制"，建立合适的人际需求

上高中以前，我的生活就是念书、补习，或者帮家里的忙。

高中到外地念书之后，班上有一群同学不只成绩好，还会玩滑板、弹吉他、唱歌跳舞，经常联谊，我从小就不太擅长主动与人互动，加上对这些东西相当陌生，更让我觉得无法和他们打成一片。那种"想要加入，却又不得其门而入"的挫败感长期累积下来，渐渐转化成许多负面且矛盾的情绪。

我说服自己，"他们的兴趣对课业完全没帮助"，避免因为无法参与他们感到失落。但是，我也会因为没有受到邀请而生气、失望；偶尔有机会跟那一群同学出去联谊，却又很快觉得无趣、不自在，总在中途找理由脱队。久而久之，他们出去玩也不再找我，而我也因为他们的疏远而感到更不舒服。

那两年，为了否认自己是被边缘化的人，我只能更用力催

眠自己："像我这样认真念书才是对的，玩那些有的没的只是浪费生命。"可是愈这样告诉自己，就愈觉得孤单，更期待可以参与同学们的活动，但另一方面，我又觉得那些东西我玩不来，也没兴趣……

某次上课时，我无意识地在空白页上随手写下几句话：

"为什么非得加入那一群人，才算是'有朋友'？"

"班上还有其他的同学，这两年，你注意过吗？"

"别人一定要热情地对待你吗？你主动和对方互动过吗？"

"前几次和他们出去玩的时候，真的觉得快乐吗？"

"如果不要求被关注，只是保持淡淡的往来，是不是反而没有挫败感？"

停笔之后，我重复看了几次，突然间，累积了两年的困顿感像是被拔开的软木塞，"啵"的一声，清新自在的空气流通全身，顿时感到无比轻松。我将这一张纸小心翼翼地收好，每当钻牛角尖时，把它拿出来看一看，就觉得放松许多。

这一张纸、这几个字，到底有什么神奇的效用呢？

如何回应？心理师这么说——

独处不等于孤独

事实上，"独处"与"孤独"是两回事。

许多人错误地把这两件事情画上等号，那是因为他们没有充分认识到自己的人际需求，也不懂得如何与自己相处，所以当身边没有人的时候，就不知道该做什么、去哪儿、如何安排空闲时间，以致愈来愈害怕独处。

能够享受独处的人未必会感到孤独，但是经常感到孤独的人，一定无法享受独处。如果你觉得自己"已经习惯独处，却又害怕孤独"，那么你很可能只是习惯独处，却没有学会享受和自己共处。

鸿上尚史在《孤独与不安》里提到，"享受和自己独处"包括：

◆ 不是只吃别人在固定时间提供的三餐，而是学习感受自己的饥饿，然后去吃自己想吃的东西。

◆ 旅行时不是只依赖别人规划的行程，而是思考、探索自己对哪些景点有兴趣，喜欢哪种移动方式与节奏。

◆ 在生活中，不要花太多时间去烦恼是不是满足了别人的期待，而是思考如何实践自己的意义。

分辨自己的人际需求

那张高中时期帮助我脱离人际困境的小纸条，纸质没什么特别，当然也不是用什么神奇墨水写的。那几个句子之所以能够帮我从人际关系的困顿中解脱，是因为它们提醒了我：你所追求的，并不是你真正需要的人际关系。

一直以来，我把大家认为的好的人际关系当成自己的目标：

◆ 要结交很多朋友，才是理想的人际关系。

◆ 别人要主动与我互动，我才能感受到存在感。

◆ 别人要经常注意到我，我才能觉得自己是被重视的。

◆ 与学校（职场）最受欢迎的人当好友，才显得自己是有价值的。

但是，这些真的是我想要的吗？如果没有弄清楚自己的人际需求，即使拥有这些人际互动还是无法获得真正的快乐。

上大学之后，我结交了几位好友，到现在都保持着很密切的互动，从与他们的相处过程中，我才发现原来自己真正喜欢的人际关系是：

◆ 拥有几个知心好友，能够彼此尊重，自在相处。

◆ 与好朋友偶尔见面，其他时间，独处做自己喜欢的事。

◆ 必要时，愿意放下手边的事，参与对方重要的人生时刻。

这个社会认为的"好的人际关系"，或许并不适合每一个人。

每一个人的需求都不同。有些人喜欢搭慢车旅行、体验各地小吃；有些人喜欢搭乘飞机或高铁，品尝奢华大餐；有些人喜欢游览各大都市的建筑景观，有些人热爱探索神秘国度的文化。这些需求无关是非对错，重点是认清自己的需求，才能找到自在的旅游方式。

如果你经常觉得交不到朋友，总是遇不到"对的人"，请试着思考：你渴望什么形式的人际关系？你目前结交的朋友，可以带给你正向的感受吗？和什么样的人相处会让你觉得安心、自在？

人际关系分级制

正如电视节目有分级制一样，如果想要拥有自在的人际互动，除了明确自己的人际需求之外，我们也得把自己的人际关系进行分级：与特定的人，建立特定的互动模式；对于不同的关系，抱持不同的期待。

人际关系大致上包括家人、同事、师生、朋友，但不止如此。即使是朋友，也可以根据关系的疏远、信任程度，再细分成不同"层级"。应依据不同的等级而采用不同的互动方式，抱持不同的期待。

例如，依据关系的亲疏与信任度，可以将朋友区分成：

◆　点头之交：见面点点头、问个好。这个层级的互动就是礼貌性打招呼，不会掏心掏肺与对方聊心事。

◆　同事：正所谓"上班能共事，下班不相识"。这个等级的人际关系，主要的交集是工作，虽然偶尔也会聊聊八卦，但不会有太多私下的接触。

◆ 朋友：平常会约饭，聊聊职场与生活的甘苦，有时候也愿意为对方分忧解劳，但彼此在互动过程中，还是有所保留。

◆ 挚友：即使久未见面，也不觉得尴尬，能自在地关心对方，能放心地与对方分享自己内心的脆弱与黑暗，对彼此的关心，大过对是非对错的评价。

有些人在人际关系中之所以感到挫败，觉得别人不理解他、没有给出他想要的回应，往往是因为对"不适当的人"做出"不适当的行为"，以及抱持"不适当的期待"。

例如，向交情淡如水的同事倾诉你的家庭冲突，用客套生疏的语气与你的亲密伴侣说话，对主管说出你对他的不满，希望一群平常不太往来的朋友主动帮你庆生，期待前男友帮忙解决你的婚姻困境……这些不适当的互动与期待，不仅让对方觉得不舒服、有负担，他们的回应也可能让你受伤、失望。

对方没有错，你的行为、你抱持的期待也没有错，但如果不"对症下药"，就会造成可怕的结果。

面对人际关系，你需要具备的新观点

1. 别人认为的"好的人际互动模式"，不代表一定适合你。

2. 人际关系有亲有疏，依照亲疏程度，采取不同的互动方式。

3. 能够享受独处，才能拥有自在的人际关系。

4. 对人抱持信任的态度没有错，但对方必须是适当的人选。

5. 独处与孤独是两回事，重要的是我们能否学会享受独处。

✐ 练习——评估你的人际需求

（1）第一步：从以下表格中找出五项你现在的人际互动方式，然后打〇。

（2）第二步：找出五项让你觉得自在、舒服的人际互动方式，然后打 Δ。

喜欢热闹，人愈多愈好	在安静的地方聊天
热爱参与各种团体活动	偶尔串门，但不喜欢待太久
到处认识新朋友	只与少数几位熟识的朋友互动
喜欢广泛而大众化的话题	喜欢深入且具启发性的话题
下班之后，喜欢找人一起活动	下班之后，希望拥有独处的空间
一个人的时候觉得无聊、空虚	在人群中无法获得意义感
喜欢聊天，即使对象是不熟的人	喜欢倾听大过于说话

（3）第三步：请仔细观察，如果你的"○"与"△"有许多重叠之处，代表你目前的人际互动模式与你期待的相符，因此你在目前的人际关系中可能是比较自在与放松的。

倘若你的"○"与"△"鲜少重复，那么你需要思考：为什么你目前的人际互动让你不自在、不舒服？如果可以，你希望如何调整目前的人际互动模式，让自己变得比较自在？

六、"打脸"，不会让沟通更顺畅

——比起说服对方，你更需要的是尊重自我

生活在这个信息爆炸的年代，到处充斥着不同立场的争论。针对同一件事情，媒体选取截然不同的画面，创造出天差地别的标题，内容当然也因不同的主观立场而相去甚远。

到后来，"真相"是什么已经没人在意了，因为不管如何有失公允，各家媒体都有各自的拥护者。至于那些来自不同人群的谩骂与质疑，就成了为话题贡献热度的无偿劳动者。

现实生活也是如此。

在亲子关系中，父母经常想方设法让孩子听从自己的意见。如果孩子不听话，就等于不乖、不孝顺、不懂事。打着"为了孩子好"的旗号，父母拼尽全力给求学中的孩子安排补习课、兴趣班，帮成年的孩子找工作、安排相亲……

孩子呢？如果他们的提议无法被父母接受，就认为父母亲是不开明的、跟不上时代的。所以有些孩子就会试图通过各种

偏激行为——逃学、自残、偷窃、药物滥用等，让大人感受到他们内在不被理解的负面情绪。

在亲密关系里，如果另一半没有接受你的想法，你就会觉得哀怨与不解。觉得为什么相处这么久，对方还是无法理解？是不是对方刻意忽视我们？是不是我们说得还不够仔细、"暗示"得不够清楚？既然如此，是不是必须说得更大声、多说几次，甚至责备、质疑对方才能表达我们的委屈和郁闷？

不知道从什么时候开始，我们好像习惯了用"打脸"来教训别人，让他知道自己是错的，我们才是对的。或许你为某个议题做了详尽的功课，利落而响亮地"打"得对方体无完肤、毫无招架之力，然后呢？

当对方被"打脸"之后，事情变得更好了吗？对方的反应是你期待的吗？你的内心得到满足了吗？你们的关系有因为你的行为而改善吗？

如果"打脸"无法解决人际冲突，绝对不意味着你要打得更用力，而是在提示你：面对"差异"，"打脸"并不是有效的方法。

如何回应？心理师这么说——

减少无谓的冲突

我常看到现实生活中明明交情还不错的两个人，在网上为了不同的观点争得死去活来，甚至不惜花时间翻出历年来的相关新闻报道或者对方以前的留言记录，就只是为了"打"对方的"脸"，证明自己才是对的。

即使对方讲不赢你、回不了话，你又得到了什么？这样的结果是你要的吗？如果你认为"为了捍卫自己的价值，可以不惜牺牲这段交情"，那是否代表你们的交情没有你的价值观来得重要？既然如此，你又何必花心思为这一段"其实也不是很重要的关系"争吵呢？

你有多用力"打"对方的"脸"，就有多想被对方了解

如果"打脸"的目的是"说服"，那么说服的目的又是什么？或许是为了向别人证明自己的想法是对的，让别人愿意认同自己，但是，对一个你完全不在意的对象，你会想花力气去说服对方吗？不会的，因为根本没那个必要。

所以你"打脸"的对象，往往就是你在意的对象。

隐藏在"打脸"背后的真正意图，是希望对方理解、接纳、认同你。而你"打"脸对方的力道，反映出了你有多么渴望被对方了解与认同。

倘若你的期待是让对方能够理解、认同你，那你觉得应该让对方在跟你互动时感觉更好，还是更糟糕？难不成你认为当对方被你挥到无地自容之后，还会满怀感激、真心诚意地反省自己，并且接受你的价值观吗？你不觉得这个逻辑很荒谬吗？

暴力，无法带来真正的理解

可惜的是，很多人已经习惯用说服、责骂、控制的方式来压制不同的意见，要对方屈服，并且改变对方。这种近乎暴力的手段看似有一些效果，但那种改变并不是发自内心的，对彼此的关系也绝对是伤害大过于帮助。

就像父母对孩子、主管对员工、伴侣对彼此，任何夹带暴力、威胁的命令与控制，都只会让对方因为恐惧而不得不屈服。表面上，你成功地让对方表现出你期待的行为，实际上，你已经伤害了你们的关系。

"打脸"或许能让对方知道你想传达的意思，但却绝对无法让对方同理你的情绪，自然，也不会想跟你有更亲密、更深入的接触。面对彼此的"差异"，需要用温和而坚定的态度进行沟通。

温和的态度

温和，是对他人的尊重。

用尊重的态度和对方沟通，让对方有机会了解我们的想法与需求。无论对方能不能理解、接受，我们都表达出了尊重。

温和不是委屈自己。我们的文化虽然提醒我们待人要温和客气，可是这种温和客气往往是基于"压抑、委屈、牺牲"自己的前提之上，委屈压抑久了，不舒服的感觉就会堆满情绪水缸（请参考第十六章），我们的耐心因而降低，脾气也容易失控。

有时候，我们将这些负面情绪扔给身旁那些无辜却又愿意包容我们的亲朋好友身上；有时候，这些负面情绪也可能不合时宜地在重要场合爆发，造成难以收拾的场面。

我认为的温和，是尊重他人有不同的想法的权利，虽然在情绪上还要用温和的态度与对方互动，似乎会让自己有点委屈，但那绝对不是为了压抑自己、讨好对方。

不过在任何一段关系里，只有温和是不够的。那会让我们觉得自己好像是被忽略的、不重要的。如果想要对别人温和，同时也能维持自己的价值感，就必须同时具备另一种态度——"坚定"。

坚定的态度

坚定，是我们对自己的尊重。

我们清楚自己的感受、期待、限制，不委屈自己去接受那些自己不喜欢、不愿意、做不来的要求。即使对方不认同我们，也不代表我们的想法或价值观是错的或不好的。

坚定的态度能在尊重自己与不刻意伤害他人的前提之下，捍卫我们自己的立场。至于别人接受与否，那并不是我们能控制的。有时候对方会因为我们的拒绝或坚持而生气或难过，即使我们不乐见这种状况，那也是没办法的事情。

◆ 我无法控制别人说什么，但我可以决定用何种态度响应。

◆ 我无法决定别人会提出什么要求，但我可以决定要不要接受，或者依自己的能力决定完成多少。

◆ 我无法决定别人用什么表情面对我，但我可以练习试着不要把他人的一举一动全都放在心上。

◆ 别人或许会威胁我，但我可以练习用不同的方式回应。

温和的态度可以避免引起无谓的纷争，坚定的态度则可以帮助别人了解你的想法、需求，以及底线。

"大家"其实没那么可怕

即使是身为心理师的我，偶尔也会被"'大家'都觉得我很糟糕，'大家'都不认同我"的想法给困住。但实际想一想，"大家"到底是指谁？难道世界上所有人都看我不顺眼、不喜欢我？这当然是不可能的。

即使公司或学校里有人看我不顺眼，但那些人如果不敢站出来与我对话，也不至于影响我的生存，那他们看我顺不顺眼，对我又有什么影响？

"大家"是非常模糊的代名词，实际上或许只是一个人，或许你根本不清楚这当中到底有谁。"大家"很容易让我们误以为周围全部都是敌人，导致我们放大了内心的不安。

学习肯定自我

曾经在网络上看过一则笑话：

禅修大师："如果有人不理解你，又总是反驳你的想法，无须与他争论。简单回答'谢谢你，我知道了'就好了。"

民众："我觉得不是，你这种想法有很多瑕疵，很幼稚。"

禅修大师："谢谢你，我知道了。"

我们当然都希望自己的想法、需求、价值观，可以被他人认同，尤其是重要的朋友或者亲密的家人。但是即使对方不认同你，也不代表你就是错的。学习接受"每个人都是独特的"，差异是人际互动中必然存在的现象。带着这样的态度，提醒自己，避免去攻击跟我们不同的价值观，才能让自己过得更自在。

面对不同的意见，你该具备的新观点

1. 暴力只能控制与压制，无法建立亲密、信任的关系。

2. 愈是你重视的人，愈不该用"打脸"作为沟通的方式。

3. 温和而坚定，是尊重彼此最好的沟通态度。

4. 面对价值观的差异，学会尊重别人，也学会肯定自己。

5. "大家"经常是因为不切实际的想象而放大的虚构对象。

七、"都是你的错！"

——摆脱边缘人生，从改变自己开始

面对改变，人们最常用来作为拒绝行动的借口就是："都是别人的错，所以我只好……"

例如："我或许不该用这种口气说话，可是别人总是令我生气。""我当然知道要试着做改变，可是我就是办不到。""我知道天天吐槽主管很没营养，可是主管不换人，我还能怎样？"

正因为多数人习惯用这种逻辑来思考，所以我们的生活经常上演鬼打墙的剧情：

学生："都是同学先欺负我，老师又不帮忙，我只好以牙还牙。"

同学："如果不是他太不识相，谁想要跟他有瓜葛？"

家长："都是同学不友善、老师管教不力，害我的孩子害怕上学。"

老师："一定是家庭教育失败，全家人才这么不可理喻。"

说着说着，大家开始吵成一团。

孩子坚持自己是遭受霸凌的受害者，父母对老师充满怨怼和不信任，老师也对父母和学生感到失望，班上同学事不关己地看好戏……结果问题不但没解决，反而心情更糟糕，关系更恶劣。

所以，"问题"到底出在谁身上？谁需要先做出改变？

人们经常认为自己之所以无法采取新的行动，都是别人的错，问题都出在别人身上，所以自己不需要负任何责任。如果抓着这种逻辑不放，你永远都无法拥有改善人际关系的能力。因为你总是把自己放在一种无能为力的位置上，等待他人先做出改变。

许多人苦于想要改变别人而未果，认为责任都在别人身上，是别人不懂得反省。他们总是抱怨"因为别人不改变，所以害我一直受苦"。

你会这样想，别人当然也会这样想。

当你满心期待对方改变的时候，或许对方的想法也跟你一样："是对方有问题，该改变的人是对方。"谁也不想先改变，所以关系就处于僵持状态。

如何回应？心理师这么说——

"不舒服"是提醒你改变的讯号

在这儿先分享一段我在创业过程中的经历：

我的工作性质类似 SOHO 族，自己接案子，然后到不同地方授课，做心理咨商。因为我经常在不同城市甚至不同国家间往返，花在交通上的时间与费用也相当可观。因此，我在工作邀约的网页上清楚写着："外地邀约需提供往返交通费。"

即便如此，还是会有机构表示："本单位不提供交通费。""无接送，可自费搭出租车往返。"甚至还有机构表示："请您发挥爱心自行支付交通费用，协助做公益。"除此之外，有些机构则是在演讲结束后"自动添加"一段讨论的时间，等等。

刚开始遇到这类状况，我总是很不开心：

◆ 为什么不看清楚网页的说明？

◆ 是否因为我名气不够，所以看不起我？

◆ 车资就花掉一大半的课时费，那我不就等于做白工？

面对这种状况，我的内心经常上演拉扯戏码：不答应邀约，就少了一笔收入；答应邀约，又因为觉得被占便宜而不开心；如果要求对方提供交通费，又担心让人家认为我很小气、锱铢必较……

事实上，若是碰到经费真的有困难的机构，甚至是偏远地区的单位表示难以找到讲师，我很愿意前往协助，因为我认为知识应该是用来分享的，而不只是谋取利益的工具。但前提是我是心甘情愿地付出，而不是在未经讨论的情况下就理所当然地要我牺牲配合。

带着这种受委屈的心情，多多少少会影响我的工作质量，并对机构产生负面观感。

然而，心理师在帮助他人之前，最重要的是先安顿好自己的心。面对这种负面情绪，我如何才能帮助自己平静一些呢？

改变，从自己开始

"可是我的规定写得很清楚，是对方没看清楚，需要改变的是对方而不是我啊！"不知道你会不会有这种想法？

我起初也是这么想的。

但是我每年都要跟超过上百个单位合作，如果想要改变他们，那任务可是繁杂到连阿汤哥都会抓狂的！

请记得：改变，必须从自己开始。你没有办法控制别人的行动，但是你能够决定自己要如何响应对方。

我没有办法控制对方在邀约时会提出什么要求，但是我可以练习心平气和地让对方知道我的期待，包括：讲师费，交通费，某些地区需要对方协助接送，以及上课需要的设备等。坚持这些事情的目的只有一个：让我保持稳定的状态，然后提供最佳的上课质量。

我从改变自己的响应方式开始，练习提出清楚且具体的课程需求，让自己可以更自在地工作，也让参与课程的听众获得最好的学习感受。

改变自己，比改变别人容易

仔细回想一下，你身上有哪些"坏习惯"？你被父母与老师念了十几二十年，甚至你也不断提醒自己要改变，但是你改变了多少？如果我们很难改变自己，又怎么会认为要求对方改变是一件容易的事情呢？

多年前，有一句很有名的广告旁白："刮别人的胡子之前，先把自己的刮干净。"我的想法是：你可以随心所欲刮自己的胡子，但不需要去管别人的胡子。

人际关系就像环环相扣的齿轮，一方转动，很可能会带动另一方转动。如果你想要好好经营一段关系，那么你也得为这一段关系的质量负起部分责任。

改变，与你想象的不同

或许你仍旧觉得困惑："我们的改变，到底有没有影响对方？有没有让对方做出改变？"

请容我提醒你：把"改变自己"当作"对方也必须改变"的交换条件，是多数人对"改变"的认知。这种认知倾向于究责，但对事情并没有益处。

我们要对"改变"有更新的理解：我们练习改变自己，不是为了改变对方，要求对方也做出同等的改变，而是在既有的环境中，在自己能够接受的范围内，借由调整自己的行为，让自己可以在这一段关系中觉得更舒服、更自在。

回到我前面提到的例子。我调整自己的响应方式，是为了让对方清楚我的需求，让我们试着通过合作创造出最佳的授课环境。如果我勉强答应了邀约，却因为种种原因影响上课质量，结果听众不满意，机构也不再邀请我，那么我一开始的压抑和忍耐，对自己与主办单位不但没有帮助，反而造成了伤害。

人生无法尽如己意

"如果我改变了自己，事情依旧无法变成我想要的样子，那改变还有意义吗？"

关于改变，有几种态度，值得我们放在心上：

1. 改变所带来的影响不是全有或全无，即使结果没有全然如你原本的设定，但是否产生了一些我们没有发现的正向的改变？

2. 如果我们改变自己，事情却没有太大的变化，至少我们已经主动做出努力，也知道努力的方向还可以调整，那么，再去试试别的方法。

3. 停在原地抱怨只是耗费能量，主动做出调整，才可能为自己的情绪带来一些不同。

我曾经在说明课程要求后，对方表示无法配合，甚至没有回信。那也没有关系，毕竟大家都是成熟的大人了，有话就好好讲、讲清楚，能够接受就合作，不能接受就另请高明。

如此而已。

停止制造更多负面情绪

"从自己开始改变"有一个积极的目的，那就是停止"抱怨"。

抱怨或许能够发泄情绪，但却无法解决问题，甚至还会制造出更多负面情绪。

当一个人习惯用抱怨来面对生活时，他的注意力都集中在消极的方面。时间久了，他的观点就被局限在负面的事物上，他无法欣赏自己与他人的优点，却总能在不显眼的地方找到可以指责的细节，甚至把每一件事情都扭曲成负面的。

一开始，你因为生活中遭遇的困难而抱怨，后来却把自己困在了这些抱怨里。

如果你还是很希望对方改变……

当然，你也可以试着把这本书"掉落"在某些显眼处，让对方有机会"碰巧"看到，然后邀请他阅读、练习里面的技巧，进而改变你们之间的关系。

但如果对方真的开始阅读这本书，你会希望他利用这些技巧来改变他自己，还是改变你呢？你当然还是希望他会改变自己吧。

既然我们都希望别人管好自己，不要企图改变我们，同样的道理，我们也从改变自己开始吧。

如果你听见自己的内在有一股声音大声抗议："不公平！为什么不是改变他？为什么要从我开始改变？"那很可能是因为你内心的情绪水缸还有好多委屈、挫折、无力的情绪。

改变自己的目的并不是要迎合讨好对方，然后牺牲或贬低自己。相反地，改变自己是为了不再只是配合他人，并且在能接受的范围里，落实新的态度与行动方式，让自己过得更舒服、更自在。

面对改变，你该具备的新观点

1. 从今天起，减少"都是别人的错，所以我只好……"的心态。

2. 你的改变，往往也能带动他人的改变。

3. 如果你不喜欢别人要求你改变，你也没有理由要求他人改变。

4. "改变自己"就是一种目的，而并非要别人也跟你一起改变。

5. 改变自己不是为了讨好或示弱，而是为了让自己活得更自在。

✐ 练习

1. 试着写出"改变自己"可以为生活带来的三个好处。

2. 说说看：如果你改变了，别人却没有改变，那么改变自己的意义是什么？

3. "抱怨"虽然解压，为什么也制造了更多负面情绪？

第二篇
有效互动：拉近彼此距离

人际沟通不是通过 Wi-Fi 或蓝牙。
停止暧昧与猜测的心理游戏，把话说清楚，
才能让别人有机会理解我们。
有了理解，才不会觉得孤独，
才能从人际关系中获得归属感。

八、"亲爱的，你知道今天是什么日子吧?"

——善用"我讯息"，让别人更了解我们

客厅里，一位父亲因为资金周转压力愁眉苦脸。孩子趋前关心，父亲回应："我没事，不用担心。"孩子听到爸爸这样说，立刻露出灿烂的笑容问："爸，那我可以买手机吗?"此话一出，原本乌云罩顶的客厅瞬间风云变色、雷电交加……

电视机前，一位少年双腿搁在茶几上，舒服地看着 NBA 季后赛直播。此时，母亲手上的拖把刚好清扫到茶几下方，孩子把脚放下来，开口问："妈，需要我帮忙吗?"母亲看了一眼说："不用了，没关系。"孩子听到"不用了"三个字，立刻又把注意力拉回到电视上。没想到当天晚上，母亲在餐桌上抱怨："整间房子好像只住了我一个人，打扫、煮饭、家务活儿都没有人帮忙……"

地铁出口，一对夫妻正要分别往自己的公司走去。临走前，妻子吻了先生的脸颊，撒娇地说："亲爱的，你知道今天

是什么日子吧？"说完后轻盈地转身离开。愣在原地的先生一身冷汗，他知道这不是问句，而是祈使句。可是他无论如何都想不出来今天是什么日子："初一、十五？购物节？还是卡费截止日？"他整天魂不守舍，无法专注工作，因为他有预感：若没想出正确答案，下场可能会很凄惨……

在我的讲座里，经常有人提出这些情境。

A 方总是感到难过："为什么我的家人、挚友、爱人，总是不理解我心情如何？喜欢什么？需要什么？"B 方则觉得困惑："你有什么想法，为什么不直接告诉我呢？"

话一出口，立刻引来 A 方不可置信的抗议："为什么这么简单的事情，还要我说出口？""如果你真的爱我，就应该知道我在想什么！""都要我说出来，你才能懂，代表你还不够了解我！"

看着这些对话，你觉得哪一方说得比较有道理呢？

如何回应？心理师这么说——

"误解"是人类的专长

你知道吗？其实"误解"是人类的"专长"之一。

为什么人们容易互相误解呢？我简单总结一下人们沟通的过程，你就了解了：

1. 你说话，他聆听：他在听的过程中，有些讯息没听到，有些没听懂。

2. 他听，然后理解：他把听到的讯息加以整理、归纳，变成他能理解的事情，这中间无可避免地会加入他的想法、价值观、猜测。

3. 他理解，然后说：他表达出来的内容，可能跟他所理解的有一些出入，无法百分之百如实传达他的想法。

4. 他说话，你聆听：你在听的过程中，有些讯息没听到，有些没听懂。

5. 你听，然后理解：你把听到的讯息加以整理、归纳，变成自己能理解的事情，这中间加入了你的想法、价值观、猜测。

看到了吗？"把一句话说出口，然后获得对方的响应"，这个看似简短的过程却充满了复杂的行动。

玩过"超级比一比"游戏的人就知道，从第一个人看到题目，通过肢体语言表达，让第二个人猜题目，然后第二个人看完、猜过之后，再通过肢体语言，把讯息传递给下一个人……随着传递的人数增加，信息在传递过程中一步步被忽略和扭曲，后面的人已经很难猜出最初的题目到底是什么。

几乎所有的沟通都包含上述五个步骤，每一个步骤都有可能发生误差，种种误差加起来，很可能就让彼此之间的原意差了十万八千里。

我们生活在一个由语言建构出来的世界，"说话"虽然不是人际沟通的唯一方式，但却是最重要的途径。学习把话说出来，并且把意思说清楚，才有可能降低对彼此的误解，减少不必要的冲突。

别人有机会了解我们吗？

我们经常觉得别人不了解我们，所以觉得孤单、无助。可是请仔细想想：到底是别人不了解我们，还是我们没有"提供机会"让别人了解我们？

我们总觉得不应该麻烦别人，避免情绪外露，尽量不说出自己的需求，有时候我们甚至天真地以为："如果对方够爱我，就会知道我内心深处没有说出来的感受与需求，这才是心有灵犀一点通……"

你想我了。

人跟人的互动不是凭借 Wi-Fi 或蓝牙，而是清晰、具体的语言。有时候，其实我们也不知道自己怎么了，需要什么，如果连我们都不了解自己，那又怎么能苛求对方一眼看穿我们的心情或需求呢？

所以，如果你希望别人更了解你，那你必须先清楚自己内心的声音，并且练习清楚地把这些声音说出来。

这些声音大致上可以分为三类：情绪，需求，以及限制。

说出自己的情绪、需求、限制

◆ 情绪：例如开心、难过、悲伤、紧张、害怕等各种情绪。

我们总是掩藏自己的真实情绪，避免让别人觉得我们是脆弱、不完美的。有时候即使开心，也提醒自己不可以太明显，免得别人觉得我们自傲，缺乏同理心。我们的文化对于情绪的表达总是严格又充满规矩。但自我压抑的后果，是别人可能无法理解你的状态，而你也与自己的内心愈来愈疏远。

◆ 需求：你需要被协助的部分，像是需要家人分担家务，工作时需要家人暂时安静一些，生病时需要同事代班等。

人类是群居性的生物，相互依赖、合作分工都是有助于生存的重要能力。可是我们从小却被要求独立自主，总觉得如果有求于人就是麻烦他人，代表自己没有能力，也担心因此欠他人人情。但是在亲密关系中，适时表达自己的需求，可以让对方更理解你，觉得对你是有帮助的，并因此拉近与你的距离。

◆ 限制：也可以称作你的"地雷"，指那些你做不到、不喜欢、不敢做、不想要的事。例如，害怕上台演讲，不喜欢吃某种食物，讨厌别人擅自动你的东西，不敢与主管争论等。

如果你从未让别人知道你的限制，再加上以前别人要你做某些事情时，你也没有明确拒绝，那么别人很可能会时不时碰触到你的"地雷"。这颗地雷经过长时间的压抑、忍耐，有一天终会爆炸，波及自己与他人。

当你能清楚觉察自己的情绪、需求，以及限制之后，还需要搭配清楚的表达，才能让对方也理解你。这时候，"我讯息"（I message）的技巧就可以派上用场。

"我讯息" 三步骤

1. 我知道你 _____（需求、情绪、限制）

这句话带有"同理"的成分，在你需要别人协助你做某些事情之前，先行表达出你对他的理解，借此让对方减少防卫，也让他感受到你的善意。

2. 但如果你可以 _____（行动）

有时候你不讲清楚，别人也不知道该如何跟你互动。这句话的重点在于让对方知道你期待的行为，也帮助他获得具体的行动指引，知道如何与你互动。

3. 我比较能够 _____（行动、情绪）

让对方知道当他用了 2 的方式与你互动之后，你会有什么样的反应。

"我讯息"技巧，让彼此有机会理解内在的深层讯息，以及期待对方出现的行为，也让对方能够预测我们的行为与情绪。借由"我讯息"，可以减少彼此之间的猜疑，以及互动过程中的挫败感。

"我讯息" 的实际运用

我举两个生活中常见的例子，并且示范"我讯息"如何使用：

◆ 情境一：孩子在外面玩到很晚才回家，父母亲在家里等待，内心的焦虑渐渐转变成愤怒，并且在孩子踏进家门的那一刻爆发……

"你去哪里疯了？不会打个电话回家吗？从今天开始不准出门！"

我讯息："我知道你想在外面多玩一会儿（理解需求），但若你可以先打个电话回家（行动），我们不会这么担心（情绪）。"

◆ 情境二：学生在学校打架，被老师带到办公室，但一脸倔强，什么话都不肯说。

传统回应："发生什么事？快说！为什么这么野蛮？"

我讯息："我知道你很生气（同理情绪），但是如果你可以好好说明（行动），我才知道怎么帮助你（行动）。"

化被动为主动

猜忌只会带来不安，并且让关系变得暧昧不清，甚至愈加疏远。

在人际互动中，适时地表达自我是很重要的能力之一，尤其是在我们认为重要的关系里，更是需要这么做。或许对方不一定都能满足我们的需求，也未必能完全体会我们的心情，但"我愿意真诚表达，对方也愿意真诚聆听"的过程，就是人与人之间最可贵的互动。这样的互动也能够让我们建立起信任的、温暖的、安全的关系。

✐ 练习

1. 为什么在人与人的沟通过程中，"误解"几乎是必然产生的现象？

2. 表达自己的哪三个面向，可以有效地帮助对方了解我们？

3. "我讯息"包含哪三个步骤？每个步骤的重点是什么？

九、善用提问技巧，让互动更舒适

——用对的方式提问，提升互动质量

还记得上文提过的我的好友 Peter 吗？几年前他被公司外派到印度尼西亚担任高层。在职场上，他是一位乐于主动关怀员工的主管，但他感叹现在的年轻人相当冷淡，无论他怎么表达善意，对方好像都没太有响应，感觉自己像是用热脸去贴别人的冷屁股。

我邀请 Peter 演练一段他关心员工的过程，试着从中找出原因。我用 Peter 的风格扮演主管，由他扮演被关心的员工：

我（饰演 Peter）："你好，你住屏东吗？"

Peter（饰演员工）："对。"

我："屏东好玩吗？"

Peter："还好。"

我："从屏东来印度尼西亚，很远吧？"

Peter："对。"

我："你喜欢印度尼西亚吗？"

Peter："还好。"

我："那你喜欢这份工作吗？""员工餐厅的伙食还吃得惯吗？""工作上有没有需要协助的？"

"呃……我好像知道原因了……"才演练没几句，Peter就露出恍然大悟的表情。

你也发现了吗？ Peter所使用的问句，让对方只能简短回答。所以或许不是员工对主管的响应很冷淡，而是主管问的问题让员工只能如此响应。

我们再把场景转换到学校办公室。

难得下午没有排课，张老师煮了一杯香喷喷的咖啡，准备好好批改堆积如山的家庭作业时，学生A突然出现在办公室门口。张老师心里暗叫不妙，因为A是很喜欢问问题的学生，一旦被他"缠住"，恐怕会有回答不完的问题。

不一会儿A生已经来到面前，满脸期待地问："老师，我可以问你几个问题吗？"

看着A生笑眯眯的脸蛋，张老师一方面觉得不应该拒绝学生，但同时又担心如果答应了，原本想用来处理工作的时间就泡汤了。思考的时间只有短短几秒，于是他基于惯性客气地回应："你想谈什么呢？"

A生听了眼睛一亮，顺手拉了张椅子坐过来："谢谢老师，我有好多好多问题想要讨论，首先第一件是……"这一开口，犹如下过暴雨后的浊水溪、滔滔不绝……

张老师在心里痛苦呐喊，万般后悔自己方才的响应。

其实，不管是热心关心员工的 Peter，还是想要利用时间订正作业的张老师，只需要调整原本的说话方式，善用"开放式问句"与"封闭式问句"，就能有效化解他们的困境。

如何回应？心理师这么说——

什么是封闭式问句？什么又是开放式问句呢？我用考卷上常见的试题形式来说明，你一定很快就能理解。

封闭式问句

"是非题"、"选择题"与"填空题"都属于典型的封闭式问句。

举凡：是不是、好不好、对不对、可不可以……都是"是非题"，面对这种问句，对方通常只能从两个答案里面挑一个回答。

"选择题"则是让对方在几个特定的选项里面做选择，例如："东京、香港、澳门，你最喜欢哪一个地方？""你要加 92 无铅、95 无铅，还是超级柴油？"以及有些店家的促销方式："加入会员就送电饭锅、果汁机、吸尘器，三选一。"

封闭式问句适用于关系建立的初期，这时候彼此之间还不是很熟悉，通过简单的问句，可以让彼此轻松地应答，不至于冷场，也不会有被冒犯的感受。例如："你是台南人吗？""你喜欢这家店的炒面吗？""你在 IC 设计部门吗？"

另外，封闭式问句也可以在短时间内帮你搜集具体、明确的资料，例如："要喝奶茶的伙伴请举手。""我们要先讨论 A 案，还是 B 案？""关于今天要报告的资料，你整理好了吗？"

开放式问句

"简答题""申论题"属于开放式问句，问句里通常会包含"什么""为什么""如何"。

例如："你的兴趣有哪些？""为什么你愿意舍弃高薪，到偏远地区服务？""这么困难的任务，你是如何完成的？"

相较于封闭式问句，开放式问句更适合比较熟悉的人际互动上，跳脱表浅的互动，更深入地认识彼此。当然，开放式问句也有助于搜集更广泛与深入的资料，例如，关于对"居住形式"的喜好，我们用这两种问句来询问，获得答案的深度截然不同。

◆ 封闭式问句："你喜欢住独栋，还是公寓？"得到的答案只能是两者其中之一。

◆ 开放式问句："你喜欢什么样的居住形式？ 理由是什么？"你获得的答案可能会相当丰富，甚至超出你原本设定的范围。

问句用得当，事情更顺畅

开放式问句与封闭式问句没有优劣之分，各有不同的功能，在适当的场合采用适当的问句，能够有效地解决问题，但若用错了，也可能事倍功半。

如果在人潮拥挤的快餐店里，负责点餐的工读生问客人："你喜欢吃什么？""是什么原因，让你这么喜欢吃薯条？""是什么动机让你决定今晚来这里吃饭？"不但点餐的客人傻眼（我只想赶快拿到餐点，冲回家看电视啊），后方的店经理也会抓狂（客人大排长龙，你不赶紧完成点餐，在搞什么鬼啊！）。

如何决定在哪些场合使用哪一种问句？你可以参考三个主要的依据：

1. 信息精确度

如果你需要的是精确、不容许含糊的信息，记得使用封闭式问句，引导对方进行清楚而具体的回答，例如：明天的资料整理好了吗？下周三要去日本的飞机几点起飞？关于手机月租费有三个方案，你要选哪一个？

如果你想针对某件事情搜集广泛的信息，开放式问句可以帮助你让对方通过不设限的、有创意的、联想的形式响应你的问题，让你搜集到相对广泛的答案，并从中获得兼具深度与广度的讯息。

所以 Peter 在关心员工时，可以改用开放式问句："从中国到这里，你怎么规划交通比较顺畅？""印度尼西亚有哪些让你印象深刻的地方？""生活上比较不习惯的地方有哪些？"相信员工会有不同于以往的回应。

2. 可运用的时间

开放式问句可以搜集到相对广泛丰富的讯息，但需要的时间也比封闭式问句多。如果时间有限，善用封闭式问句来帮你搜集必要的讯息即可。所以上述例子里的张老师，可以使用封闭式问句问Ａ生："你有几个问题想讨论？""我有五分钟的空当，你可以从中选择一个你最想讨论的来聊一聊。"如此一来，不仅不需要拒绝学生，也不至于中断工作计划。

3. 沟通的意愿

如果你不想与对方有太多互动，请使用封闭式问句，让对方只能给出简短的答案，迅速结束你们的对话。如果你希望与对方有比较多的互动，那当然要善用开放式问句，增加你们互动的空间。

一般而言，这两种问句在人际互动中通常会交互使用。但是在关系建立的初期，封闭式问句通常会让彼此感到比较放松，不会因为要回答太多问题而尴尬；等到关系熟一些，就可以通过开放式问句有更多互动，增进对彼此的了解。

妥善使用开放式问句与封闭式问句，不仅可以帮助你搜集到想要的讯息，也让彼此的互动有安全感，进而建立更自在的人际关系。

✍ 练习

1. 请判断下列哪些是开放式问句，哪些是封闭式问句。

- 你喜欢看电视吗？
- 你喜欢哪些节目？
- 晚上去看电影好吗？
- 周末你有什么计划？
- 关于废除死刑，你的看法是什么？
- 你最喜欢 NBA 里的哪一队？
- 你支持手机月租费调降吗？

2. 请判断以下情境适合哪一种问句，是开放式，还是封闭式？

- 你的时间有限。
- 你有宽裕的时间。
- 你需要获得简短、清楚而明确的信息。
- 你需要的是充满创意的、超出你预期的、丰富的回应。
- 你不想与对方有更多额外的接触。
- 你期待与对方有更多互动的时间。

十、"都可以"——到底是可以，
还是不可以？

——提供选项，别让自己里外不是人

"儿子，晚餐想吃什么？"秋慧下班后拖着疲惫的身躯回到家，肩上的包包还没放下就准备张罗晚餐。

客厅里，专心看动画片的孩子懒散地回应："都可以啦……"

"老公，晚餐想吃什么？"秋慧大声询问书房里的先生。

还在忙着联络客户的先生也从房间里大声响应："随便。"

"都可以？随便？"这下子，秋慧又陷入困难的抉择。

她绞尽脑汁回想："昨天晚餐是阳春面，前天晚餐吃了咖喱饭，炒饭和海鲜粥上周都吃过了……"

想着想着，车子已经驶出了巷子。

等红灯时，她发现家附近开了一间臭臭锅，于是灵机一动："一个喜欢吃辣，一个喜欢吃火锅，太好了！这东西既新奇，又符合他们的口味。"于是在拥挤的车潮中来了个惊险的

右转，好不容易将车停在门口，赶紧冲进店里点了三碗不同口味的臭臭锅。

回到家，当她把晚餐端上桌时，儿子露出了嫌弃的表情，一手捏着鼻子说："好臭喔，这是什么东西啊？"先生则是皱着眉头，语带抱怨："啧！你怎么乱买呢？"

"你们不是说'都可以、随便'吗？"秋慧有些委屈，她甚至没有考虑自己想吃什么，一心只想着家人的喜好。

"我说随便，你还真的就随便买？"先生翻了个白眼，走向厨房的柜子拿出三包泡面。儿子见状立刻紧紧跟上："耶！我也要吃泡面，泡面最好吃了！"

不一会儿，厨房传来阵阵泡面的香味和欢呼声。而客厅里，只留下怒火正在蔓延的秋慧。

如果你已经工作一整天，还得负责张罗家人的晚餐，面对这种情境，肯定相当不舒服。此刻，你的内心可能重复着一些令人恼火的声音：

◆ 嘴巴说随便，结果一点都不随便，到底想怎样？

◆ 工作了一整天，还嫌我不够累吗？

◆ 我很用心准备，为什么不领情？

◆ 从今天起，晚餐你们自己看、着、办！

回想一下，你的周围是否有这种人：无论你问他什么问题，得到的答案经常都像前文中那样："还好、都可以、随便、都行。"但不管你怎么做，他总觉得你做得不够好，不是他想要的。

与这种人互动，最辛苦的地方就是你什么都不做，好像对不起对方；但你付出了努力，得到的却经常是对方的抱怨。

如何回应？心理师这么说——

"不知道、随便、都可以"为何令人恼怒？

这些响应之所以令人恼怒，是因为你提出问题，是想确认对方的想法，但是对方的响应总是模棱两可。你听不太懂对方的意思，却又不知道如何厘清。如果继续追问，对方可能还会不耐烦："我不是已经回答了吗？有那么难懂吗？"如果这个人是父母、老师或领导，你很可能因为恐惧而不敢继续追问。

所以你问也不是，不问也不是。问了，未必得到答案；不问，却又让自己处在一片茫然中。

不做选择，往往是不想负责

在秋慧的例子里，孩子与先生正忙于娱乐或工作，他们并没有真正参与晚餐的决策，"随便、都可以"很可能只是为了不被打扰，或者不想动脑筋而随口说的。

当一个人这么回答的时候，内心未必真的是"不清楚、都可以、都行"，他很可能只是用这些回答来"告诉"对方："我做不了决定，我不想花时间做决定，你来帮我做选择吧。"

因为这种人的困境就在于"未必没有想法，而是无法从众多想法当中做选择"，于是当你基于善意帮对方做了决定之后，很可能因为你做的决定满足不了对方的期待，反而遭到对方责怪。

"为什么责怪我？"因为是你做的选择啊，不怪你，要怪谁？

"他都不清楚自己的想法，我哪知道怎么做才是对的？"没错，所以你可能怎么做都不对，因为连他也不知道自己要的到底是什么。

面对这种回答，到底该怎么办呢？让我们来破解这种令人为难的情境。

开放式问句 vs 封闭式问句

让我们来复习一下，用上一章的"开放式问句"与"封闭式问句"来帮助满腹委屈的秋慧。

秋慧使用的"晚餐想要吃什么？"属于开放式问句，在她已经相当疲累、准备时间又有限的情况下，并不是一个适当的问句。因为问句是开放的，所以对方很可能什么都不选，或者不想花力气做选择，于是就经常会出现"不知道、随便、都可以"这种模棱两可的响应。

这时候我们要引导秋慧使用封闭式问句当中的"选择题"

问句：提供几个具体的选项，邀请孩子与先生从中做出选择。

三步骤，给出清楚的选项

1. 使用封闭式问句，并且考虑自身能力范围

在体力与时间都有限的情况下，我们就要设定好某些选项，或限定某个范围，而这些选项与范围都是你当下能力所及的，能接受的，能负担的。如果你今晚不想跑太远，那晚餐就是家附近的餐馆；如果今年预算有限，那旅游的地点可能就是岛内景点。

2. 设置具体的选项

设定三个具体的选项，例如，今天的晚餐是饭、面或粥；今年的旅游地点是台北、台中或高雄，或者是邀请对方"从台湾南部地区选出三个景点""从台湾北、中、南、东各选出一个景点（如果你计划带着家人来一场环岛之旅的话）"。

3. 邀请对方做选择

接下来，邀请对方从你给的选项中做选择：

（1）如果对方选的不是你给出的选项，例如牛排、面包等。你只需温和而坚定地告诉他："今天我只会买这些东西，请你从中选择，或者你可以选择自己去买。"

（2）如果对方选择"面"，也请不要直接就去买"你以为"的面，因为这样还是很可能会出现"你为什么买这种面?"的抱怨。

4. 引导出更具体的选择

重复上一步骤，邀请对方进一步选择："今天的面有三个选项，阳春面、牛肉面或柜子里的泡面，请选一种。"直到对方给出你认为清楚的选择。

尊重彼此，让关系更自在

我相信，大多数的人会为"辛苦付出却被嫌弃"的秋慧叫屈。

然而，有时候虽然我们是出于好意"帮"对方做决定，却也忘了尊重对方，并确认对方的意愿或需求，所以经常"你做到流汗，他嫌到流涎"（闽南语）。

使用"给予选项"的好处是：

1. 你不需要自己想破头，累得半死，结果对方还不满意。

2. 当你采纳对方的意见，就算对方不满意行动的后果，他也无权对你抱怨。既然是他做的选择，就必须为自己的选择负起责任。

3. 习惯这种互动方式之后，对方就会清楚知道你的模式，不会随意说出模糊的回答。

4. 可以培养儿童与青少年更了解自己的需求，并学习具体明确的表达。

保持开放与尊重的态度

确保你给予的选项都是你心甘情愿的。

倘若你提供的选项是："吃我煮的牛肉面，或者你自己出去买。"但是你内心真正的期待却是："吃我煮的就好，不要花钱出去买。"（你并没有真心想让对方做选择）那么，若是对方选择"出去买"，你听了就会不开心。而你的"不开心"也会让对方感到困惑、无所适从："我选的是你给我的选项，你干吗生气？"

这么一来，未来当你开放选项要对方做选择时，对方可能会拒绝配合（反正你也不是真的要让我选），不敢选他真正想要的（说真话，可能会被你处罚）。

仔细思考你的意愿与能力，一旦设定了选项，就抱持开放的态度，接纳对方的选择，同时，也尊重对方当下的需求与感受，避免要求对方改变选项，或者强迫对方接受你期待的选项。

📝 练习

1."给予选项"有四个步骤：引导出更具体的选择、设定具体的选项、使用封闭式问句、邀请对方做选择。请依照行动的顺序填入下列空格：

第一步	第二步	第三步	第四步
→	→	→	

2. 设定选项的时候，要注意哪些原则？要保持什么态度？

3. 如果对方选择的不是你提供的选项，你应该如何响应？

4. 使用"给予选项"技巧，可以为彼此带来哪四种好处？

十一、温柔、暖心的安慰，该怎么说？
——谨慎开口，避免二度伤害

我们生活在一个不太会安慰人的文化环境中，从小就很少被好好地安慰的我们，很可能也不太知道如何安慰别人。

我常看到当有人难过、悲伤时，一旁的亲友不是急着告诉他："不要想太多，就没事了。""难过也无济于事。""这种事情很多人都经历过，没什么。"就是显得手足无措，仿佛也跟着陷入苦恼当中，不知道如何是好。

这种我们习以为常的"安慰"，往往起不到安慰的作用。不但没有办法让被陪伴的人觉得心里好受一点儿，还可能觉得被指责、批评，结果心情变得更糟糕。

人与人之间的冲突，很多时候反而来自这种不适当的安慰。

但是，"安慰"明明就是出于好意，想让对方心情变好的善意之举，为何会造成冲突呢？哪些安慰是"不适当的安慰"？

举一些例子，你就能理解了：

对方的困境	不适当的安慰	对方的想法或感受
考试成绩不如预期	没关系，这代表你还有很大的进步空间啊！	你的意思是我表现得很差吗？我已经很努力了，怎么还有这么多空间要进步？
	别在意，其他人也考得不好啊！	别人考得好不好关我什么事？
遭受性侵害、性骚扰	没关系，你还有很美好的人生在等着你呢。	被性侵害的人又不是你！
	这代表你很有行情。	谁要这种行情？你的意思是我活该吗？
被信任的亲友背叛	会不会是你想太多了？说不定对方根本没有恶意。	好啊！改天我如果伤害了你，你最好能够记得你说过这句话！
陷在低落情绪里	不要想这么多就没事了，要往好处想啊！比如说……	说不要想就不会想了吗？换成是你，你能做到吗？
辛苦累积多年的存款被诈领	就当作是缴学费，不经一事、不长一智。	为什么我辛苦赚的钱要当作学费？

听到这些"安慰"，你会不会觉得怒火被点燃，想叫对方闭嘴？

如何回应？心理师这么说——

关于安慰，最忌讳的四种行为

1. 否定事情严重性

"拜托，事情没你想的这么糟糕。""你知道吗？比你可怜的大有人在。"

当你否定事情的严重性时，其实是在暗示："是你的想法与观点有问题，才会把事情看得这么严重。""比你可怜的人到处都是，人家也都活得好好的，就你这么痛苦，一定是你太脆弱了。"这种行为不是安慰，而是落井下石。

而且，当你轻松地说出"没关系"时，也等于否定了对方当下的真实感受。

2. 强迫转移注意力

"不要往坏处想就没事了。""赶快去睡一觉，睡醒就好了。"

那些会强迫别人转移注意力的人，往往不知道如何与负面情绪相处，所以当感受到对方散发出来的生气、悲伤等情绪时，就会觉得浑身不对劲。为了避免这种不舒服的情绪，便通过各种方式试图转移对方的注意力。

3. 指责或批评对方

"当初你如果不这么坚持，现在也不会如此难过。""如果你态度不这么消极，说不定事情早就好转了。"

这种行为对当事人非但没有帮助，而且伤害性极大。因为你正在告诉对方："这是你的报应，你是咎由自取。"即使对方的确得为这件事情负起某些责任，但这并不是安慰别人时该做的事。

4. 自认为全然理解

"你的感受，我都能懂。""你走过的路，我早就走过了。"

为什么表达自己懂对方的感受无法达到安慰的效果？第一个原因是，对方正处在消极的情绪里，你的感受如何对他一点儿也不重要，难不成当你说自己也很难过时，对方会暂停他的情绪，反过来安慰你？第二个原因是，感受是很主观的，即使面对相同的事情，每个人的感受也都不同。更何况，对方正在经历的事情，你可能并没有相同的经验。

所以"你的感受，我都能懂"，其实是一句不切实际、不负责任的话。

接纳对方负面的情绪

许多人认为"安慰"就是经过你的陪伴，对方的负面情绪就能雨过天晴、烟消云散。

如果抱持这种态度，一旦你费尽心思安慰对方却还是不见好转，这下子，就该换你觉得挫折、无力，甚至还会冲对方发脾气。

真正的安慰，是能够接受"对方遇到这种事情，会这么难受，也是免不了的"这一事实，然后把"你知道他因为经历某件事情，才这么难受"的想法传达给对方，并且让对方知道

"虽然你也不知道怎么做才好，但是在能力范围内，你很愿意陪伴或协助"。

因为你没有强迫对方赶紧脱离负面情绪，他就能放心地宣泄情绪；因为你表达对他的理解，他就能感受到自己不是孤独的；也因为你能够直面自己能力有限的事实，所以在陪伴对方的过程中，也不会给自己太大的压力。

我将安慰的过程整理成五个步骤，可以帮助你更清楚如何进行练习：

暖心安慰的五个步骤

1. "我看你最近好像 _____ ，怎么了？"

画线的部分是指你观察到的"具体现象"，例如：变得沉默、食量变小、很晚回家、表情凝重等。如果你能够提出具体的观察，会让对方愿意停下脚步，觉察自己的状况。也因为他感受到你好像真的知道他遇到了一些事，所以有可能愿意对你敞开心扉。

2. "关于这件事情，你的想法是什么？"

不要急着说道理，先让对方有机会说说发生的事情，通过"说话"，可以让一个人把脑袋里混乱的事情整理得更清晰。而你展现出专注聆听的姿态，也能让对方信任你，愿意响应你接下来的询问。

3."关于这件事情，你的心情如何？"

在叙说的过程中，人往往会因为重温事件而流露出内在的情绪，这时候请不要急着打断或给建议，不妨关心一下对方的情绪与感受。当你这么做的时候，对方会感受到你不避讳碰触他的情绪，因而有机会好好地宣泄情绪。唯有让内心的负面情绪减少一些，才有空间容纳更多正向的能量。

4."接下来，你打算怎么处理呢？"

厘清思绪，情绪也比较冷静之后，我们就可以进入问题的讨论阶段。

这个阶段的原则是"不批评"，即使对方想出来的方法跟你预期的不同，或者你曾经使用过同样的方法却不奏效，也请先让对方好好说完。说完以后，再讨论这些方法有没有需要调整的部分。想想看：倘若问对方有什么想法，结果人家一讲你就打断，下次谁还想回应你呢？

5."我不是万能的，但是如果可以，你希望我如何帮助你？"

这一句话非常、非常、非常重要。

"没关系，需要什么尽管开口，我一定会帮助你。"这种话听起来好像很有诚意，但若对方说出"请你借我一千万元""请你帮我找回不幸过世的亲人"，那你该怎么办？

另外，也不要理所当然认为自己的思考与行动就是对方需要的。有时候我们自以为是的行为，反而会伤害对方。记得先问问对方需要的是什么，尊重对方的需求和想法，也帮助对方有机会为自己的问题负责，思考解决的策略。

允许对方"慢慢来"

如果你问"我看你最近好像 _____ ，怎么了?"，对方的回答是"还好啦""没事"，你可以接着响应:"如果你想讲一讲，我愿意陪伴你。"这样就够了。因为，对方很显然还不想吐露他的状况。

如果对方的响应是"谢谢你""我现在真的还好""我知道了"，或者甚至点点头、微笑但不回应，很可能都在"告诉"你:"我还没准备好谈这件事"或"我需要安静的空间"。这代表他目前没有多余的能量或意愿与你讨论。

这时候，如果你继续说"你快说啊，没关系""你是不是不太信任我?"，反而会让对方更不舒服。

帮助别人学会安慰你

如果是我们自己想找个人说说话，却不希望对方不停地给我们建议，一直分析事情的是非对错，那该怎么办呢? 很简单，你只需要做这三件事情:

1. 询问时间:你现在有空吗?

2. 询问意愿:你可不可以听我讲一件事情?

3. 说明方式:你不用给我任何意见，只要听我说说话，我就会好多了。

这么一来，别人就会知道你的需求，然后也能用你想要的方式来陪伴你，而不会一直询问、一直给建议，到头来弄得双方的心情都更糟糕。

人生漫长，不可能每一件事都尽如人意。无法解决的事情有很多，只有好好梳理了情绪，才能拥有重新站起来、继续面对问题的能量。

✍ 练习

1. 想要安慰别人，最忌讳的四种行为是什么？为什么这四种安慰会让人觉得不舒服？

2. "暖心安慰"有五个问句，请依照行动的顺序，填入以下的空格：

第一步	第二步	第三步	第四步	第五步
→	→	→	→	

3. 如果你希望别人安慰你，却又不希望对方帮你分析问题、评断好坏对错，那么你可以告诉对方哪三句话呢？

4. 从这一章的内容中，你能找到哪些安慰别人时要注意的重要态度？

十二、友善、亲近的回应，该怎么说？

——善用"好奇"，让你的回应贴近人心

　　有一次讲座时，有一位爸爸举手发问："我该如何跟孩子沟通？每次跟她讲不了几句话，我就满肚子火！"

　　我请他举出会"满肚子火"的沟通情境。

　　父亲说，女儿前阵子想学吉他，他不仅一口答应，还给她买了吉他。没想到没学几天，她就抱怨压弦的手指很痛，所以不学了；后来说要学轮滑，并且保证会持之以恒，他又买了轮滑鞋，没隔多久，女儿觉得跌倒很可怕，所以又想放弃。

　　"这样啊，那你怎么回应呢？"我好奇地问。

　　"既然都付了学费，我希望她能认真学。这样半途而废，将来有哪件事情能做得好？"

　　"那她怎么说呢？"我也好奇女儿的反应。

　　"她就顶嘴啊，然后用力摔门，把自己关在房间。到底是谁比较委屈？"父亲的眼里像是要喷出火焰，"如果是你，你难

道不会生气吗？"

现场的家长仿佛都有过这种经历，纷纷出言附和，一时之间整个演讲厅群情激愤。很快地，家长们达成了共识：孩子"不知惜福、不懂感恩"。

我能够理解父母亲为孩子付出时难免抱持着某些期待，当这些期待落空时，会感到失落、生气。但是这种结论不但过于武断，对于改善亲子关系也毫无帮助。

所以，我先肯定父母的付出，同理他们的辛苦与失落，接着再问清他们真正期待孩子们学会的是什么。是习得精湛的演奏与轮滑技术，还是学习体验不同的才艺、增广视野？如果他们的期待是精熟某一种技艺，那可能要另寻大师，彻底改变生活模式，按职业选手的标准严加训练（我刻意夸张化，让家长觉察这并不是他们的本意）。

但是，如果家长想要的是能够通过生活中的大小事，与孩子建立更好的沟通、更亲密的互动关系，那我们需要的就是一套不同于以往的沟通方式。

发生了什么事？心理师这么说——

是"沟通"，还是"说服"？

很多人与这位父亲一样，都觉得自己是在"沟通"，而对方却不愿意用友善、配合的态度来响应。

但这真的是沟通吗？

所谓的沟通是指双方都愿意表达自己的想法，也愿意倾听对方的想法，更重要的是能敞开心扉，接纳与自己不同的想法。并且，愿意在差异中理解彼此，努力讨论出彼此都比较能接受的共识。

可是，许多人认为的沟通只是把自己的话说出来，要求对方照单全收，也只允许对方说出自己想听的答案，这种互动并不是双向的沟通，而是单向的说服。

语言里惹人厌的三元素

致力于将对话应用于亲子互动的李崇建老师强调，我们在对话时习惯使用"说理、命令、指责"（《萨提尔的对话练习》），但这三种元素却是不利于沟通的。

我以这位父亲的语言来说明：

◆ 说理：我希望你持之以恒。学习最重要的就是恒心，你知道那些伟人吗？他们个个都是……（以下省略八百万字）。

◆ 命令：我要你认真练习，不要半途而废。

◆ 指责：没有天分，态度又不好，以后一定没什么成就。

就这样，父亲在短短几句话里把这三个元素发挥得淋漓尽致。如果你是女儿，能好声好气地回应吗？

经过询问，得知这位父亲在一家小型房地产中介公司上班，在获得他的同意之下，我针对他的职业当场来了一段"错误示范"：

◆ 说理：我们都知道台湾最大的中介公司是永 × 房屋和信 × 房屋，你怎么偏偏选这种小公司？做事情要看长远一点，知道吗？你也一把年纪了，选工作最重视的就是……

◆ 命令：孩子情绪不佳或许是因为你经济不稳定，为了孩子，你最好赶快换工作。

◆ 指责：你为何选择体制不完整的小公司？眼光真是短浅！难道要妻小跟着你吃苦？这不是一个有担当的男人该做的事。

我对房产中介行业并不了解，只是试着拿父亲的职业做练习而已。但是看到现场几位家长紧皱的眉头，我知道，他们多少已经能够体会这种说话方式带给对方的负面感受。

针对同样的情境，我们来试试看友善又亲近的响应可以怎么表达。

"好奇"是促进理解的关键

很多时候，我们都误以为自己足够了解对方，于是开始说理、指责、命令，但是谁喜欢听这些话？就算对方不敢反驳你，心里肯定也不太愉快。

在"错误示范"里，我是以主观的角度说话，认为父亲应该如何选工作，而没有了解他对于工作的想法。

现在我换个方式，用充满好奇的态度来访问父亲：

◆ 爸爸，我猜想另外两家公司的体系可能比较完整，为什么当时你不选择它们？

◆ 选择这家规模较小的公司，你希望在里面学习到的是什么？

◆ 如果这家公司环境比较严苛，你还愿意接受挑战，你重视的价值是什么？你忍受了哪些辛苦？

◆ 在你的规划里，你希望在这家公司待多久？几年后，你想带着哪些经验离开？

◆ 别人对你的选择经常有些质疑，你的想法和感受是什么？

在这些问题里，我没有任何评价、指责，也没有命令。我只是好奇"这位父亲选择这家公司"背后的种种"故事"。

这些"故事"蕴含了个人重视的价值观，包括：想从工作当中获得什么？希望成为什么样的人？如何规划自己的职业生涯？做了和别人不同选择的原因是什么？是否经常面对别人的质疑？如何回应别人的质疑？

当我们用好奇的态度与人互动，会让对方觉得自己被重视，也会感受到你想要理解他、靠近他。

更重要的是，当这些"故事"被听懂，人就能对自己有深入的理解。而理解，则有助于我们做出更理智的决策。

再回到女儿的例子，我们可以怎么与女儿互动呢？

◆ 当时你为什么要练吉他和轮滑？这些东西吸引你的是什么？

◆ 学这些东西的时候，你觉得快乐和不快乐的地方是什么？

◆ 遇到困难或不快乐的时候，你是怎么忍耐或度过的？最后是什么让你决定要放弃的？

◆ 学这些东西的时候，你觉得自己的收获是什么？

◆ 未来如果还要学习新的东西，你会如何做选择？

相较于说理、命令、指责，如果你是这位小女孩，听到这些问句，会不会比较有对话的意愿呢？

充满好奇的提问，才有丰富的回应

"问这些问题，孩子会回答吗？"父亲质疑。

首先我们必须挑选简单的用词，帮助孩子理解我们的提问。再者，即使提出十个好问题，孩子在思考后只能回答两题，但"思考好问题"本身就是充满创造、内省以及自我认识的过程。

相对地，你抛出十个指责、批评的句子给孩子，在思考这些负面问题的过程中，他已经对自己和对你产生了许多负面想法与情绪，就算有响应，不是敷衍，就是顶嘴，效果并不好。

带有质疑的提问，只能得到防卫或辩解的响应；充满负面情绪的提问，只能得到充满负面情绪的响应；唯有充满好奇的提问，才能得到丰富的故事。即使孩子无法响应你的好奇，但也会因着你的好奇而更愿意跟你互动。

通过充满好奇的提问，孩子的才艺或许不会变得更精湛，但他会开始探索自己的喜好，探索行为带来的收获与遗憾，回顾曾经投入的时间与精力、学习判断未来应该如何做选择。

换言之，他学习到的是对自己的认识，和做选择的能力。更重要的是，这是一段积极又友善的沟通过程，你们的关系也因此更靠近。

身为聪明的大人，你想带给孩子哪一种体验呢？

"好奇"不等于"八卦"

在这里要特别说明，好奇不是乱问一通，也不是恣意地探人隐私。

好奇与八卦虽然看起来都是"想要多知道对方一些事情"，但两者有很大的不同。

八卦经常让人觉得被窥探、不被尊重，觉得自己的私人空间被侵犯。聊八卦的人或许很开心，但成为八卦的主角却是痛苦的。

好奇指的是想要理解一个人的意图、信念、动力、期待等。通过好奇，可以让原本单薄的交谈内容变得更丰富，帮助回答的人说出更多自己的想法。身为被好奇的主角，常常会觉得自己是有价值的、独特的、被人重视的。

在这里，我再举一些例子，帮助读者理解好奇与八卦的不同：

◆ 八卦：你是不是跟同学吵架了？不然为什么不去补习？

◆ 好奇：我知道你一直很努力，是什么原因让你不想继续补习？

◆ 八卦：你们是不是有第三者介入？还是有什么不可告人的事？不然为什么要离婚？

◆ 好奇：你们的婚姻或许遇到了一些困难，是什么让你们愿意努力这么久？是什么让你们做了分开的决定？

想要改变过往的响应方式，除了需要时间练习之外，更重要的是调整心态："对于这个人、这件事，我的理解是什么？是不是还有什么我不够理解的部分？""除了我认为的好、坏与对、错之外，还有什么值得我多了解一些？"

带着开放与好奇的态度，才能真正改变你回话的方式。想要真正理解一个人，这是最重要的态度。

📝 练习

1. 大部分的人以为自己是在沟通，其实是在做什么？

2. 我们的回应通常夹带着哪三种讨人厌的元素，以至于别人不太想跟我们互动？

3. 请你从本章找出"好奇"与"八卦"的差异。然后请思考：对你而言，这两者还有什么不同呢？

十三、充满能量的鼓励，该怎么说？

—— 哇！你是怎么办到的？

导演吴念真的短片 *Be A Giver* 里，有一段话让我印象非常深刻："同样一句话，或许让人听了之后，感觉悲伤、想去撞墙，但是换一种说法，却可能有截然不同的结果。"

语言虽然没有实体，但它的力量却不容小觑。面对相同情境，一句话可能让人痛不欲生，但换个方式表达，却也可能让已经走投无路的人，再度燃起面对困境的希望与勇气。

◆ 面对承接家业、身心俱疲的儿子，父亲一改过往的严厉，轻轻地说："没事的，慢慢来。我以前也是这样走过来的。"——电视剧《灵异街十一号》

◆ 白人富翁菲利普在瘫痪之后，急欲寻找一名看护，他在众多面试者中挑选了一名刚出狱的黑人"小混混"，理由是："他总是忘记我瘫痪的事实，我要的就是这样的人，没有怜悯、没有特殊对待、没有歧视。"——电影《触不可及》

◆ 面对身陷低潮的主管朱尔斯，秘书本认真地说："你用一年半的时间，一手打造了现在这么大规模的公司。永远别忘了，是谁成就这一切。"——电影《实习生》

让人能够在困境里重新燃起希望的语言，非"鼓励"莫属。

但是，我发现大部分的人都不懂得如何有效地运用鼓励。这很可能是因为我们根本不懂什么叫鼓励，也可能是因为我们从小就没有受到过真正的鼓励。

某次在亲子教育讲座中，一个学龄前的孩子在教室里不慎跌倒，他拍拍膝盖、站起身来，许多家长纷纷对他说："你好厉害喔。""你好棒喔。"

大人或许以为这叫作鼓励，但我却不以为然。

"跌倒了，爬起来"对大部分人来说都是轻而易举，也是再正常不过的事情，大人却说这种行为很棒、很厉害，这到底是一种鼓励，还是一种反讽？

在我的工作中，经常有人因为讲到伤心处禁不住落泪，这时候在场的其他人常常会为他鼓掌。这种现象也经常出现在电视节目中，舞台上有人因为哽咽而中断说话时，台下就会响起一片掌声。

为什么我们要对哭泣的人鼓掌呢？

一个人因为沉浸在悲伤的情绪里，有感而发地表露出最真实的情绪，这时候的掌声代表了什么？感谢对方表演了一出精彩的戏？鼓励他多哭一点？还是催促他不要害怕、快点讲？快点讲，要讲给谁听？讲出来，又满足了谁的期待？

　　我们以为这种响应是鼓励，其实根本是天大的误会。用错误的方式鼓励别人，反而会让对方觉得很困窘，不知道该如何接收你的"好意"。

如何回应？心理师这么说——

鼓励不等于赞美

　　"鼓励"与"赞美"时常被混淆，这两者，表面上看起来都是"说好话"，实际上却有着截然不同的作用。

　　赞美重视的是"结果"，像是：跑得比较快、皮肤比较白皙、穿着比较时尚、食量比较大、数学运算比较快，这些结果都是经由比较而来的。在比较中胜出的一方就能获得别人的赞美。但是，在比较中落败的一方怎么办？他的努力和坚持，勇敢挑战、想要超越自我的态度，难道不值得被肯定吗？

　　再者，一个习惯依赖别人赞美的人，也代表着他的价值感都是来自别人，所以他所有的努力可能只是为了获得他人的赞美，从而建立自我价值感。而在比较中经常落败的人，则会告诉自己："反正再怎么努力都得不到别人的赞美，干脆省省力气放弃吧。"

鼓励最忌讳夹带个人意图

我发现鼓励最常被错误使用的原因，在于人们在鼓励他人时，经常夹带着个人意图，如下面的表格所示：

情境	错误的鼓励	夹带的个人意图
孩子跌倒时	你好棒喔！好勇敢，赶快站起来！	否定孩子当下的疼痛与恐惧，希望他尽量表现出勇敢的样子。
对方难过哭泣时	鼓掌	要对方勇敢一点，不要沉浸在负面情绪里；通过鼓掌来化解自己不善面对哭泣的尴尬。
孩子考试成绩不如预期	别气馁！你哥哥能考好，你一定也可以！	把对方拿来跟别人作比较，希望他向哥哥看齐，也意味着他的表现的确不如哥哥。
对方比赛失利时	不错了，没有进前三名，至少还是第五名！有名次就是肯定。	告诉对方不要对自己期待太高，有名次就该满足。

一旦对方感受到你的鼓励其实是在引导他"朝你期待的方向前进"，很可能会因为防卫、反感，然后将你自以为的好意拒之门外。

鼓励重视的是"过程"

鼓励补足了"赞美"无法触及的部分。鼓励不是关注表现的"结果"，而是行动的"过程"，包括：

◆ 付出：在完成任务的过程中，所运用的方式、绞尽脑汁想出的策略、投入的时间和精力。

父母努力工作，带给孩子能力所及的照顾，甚至愿意努力学习教养策略。或许无法给孩子最优渥的生活，但他们的努力与付出却值得被鼓励。

◆ 坚持：遭遇困境时不放弃，坚持完成任务的态度。

一个人的长跑成绩或许无法名列前茅，但他却依旧坚持完成比赛，不半途而废。

◆ 意图：是什么让他想要完成这个任务？他希望通过这件事情达到什么目标？

有位老伯每天清早都在小区打扫卫生，数十年来从未间断。即使他人经常笑他做白工，但他却希望贡献自己的一点力量，让小区变得更干净。

◆ 勇气：如果这件事情有难度，是什么让他仍旧愿意接受这样的挑战？勇气从何而来？

一个学生向全校最凶的老师指出考卷上语意不清的试题，大家都为他捏了把冷汗，而他也被老师骂了一顿。但他勇于指正错误，也敢于面对恐惧的勇气，是值得被鼓励的。

鼓励带来动力

如果，前面提过的"温柔、暖心的安慰"像是一双环绕住对方肩膀的手，那么，"鼓励"就是一双从背部支撑、推动对方继续前进的手。

行为的"结果"有好有坏，有时候即使全力以赴，也未必能尽如人意。

人不可能一辈子都顺心如意，难免会面临挫折与失意，如果总是用分数、绩效、薪资来评论自己，就会因为达不到自己的预期，或者觉得比不上他人而感到痛苦。因为这样做会推翻先前所有的努力，不但无法肯定自己的付出，也无法从过程中汲取珍贵的经验。

如果我们不希望关注的焦点都在"结果"上，就得试着在那些不管是好是坏的结果之外，找到一些重要的品质。

这些重要的品质包括前面提到的：付出、坚持、意图、勇气。鼓励可以让人们察觉这四种元素的存在，从而感受到自己的价值。

对于边缘人而言，能够建立一段良好的人际关系当然很好，但更重要的则是能够通过这四个元素，帮助自己更坚强、更有自信，不再需要通过他人的肯定，才觉得自己是有价值的。

"你是怎么办到的？"

还记得我们在"友善、亲近的回应"章节里提到"好奇"的态度吗？在这里，我们又要派它上场了。

"你是怎么办到的？"是一句在鼓励他人时很好用的话，它意味着除了表现的结果以外，我们也好奇一个人的付出、坚持、意图、勇气，也表达出我们想要更进一步理解他，与他建立关系的期待。

回到那个亲子讲座的现场，我蹲下来对跌倒后爬起来的小男孩说："你好勇敢，自己爬了起来，你怎么办到的？""会不会痛？会痛的话，可以跟妈妈说，知道吗？"

小男孩点点头，圆滚滚的大眼睛骨碌碌打转，一只手抚摸着刚刚着地的膝盖，慢慢走回母亲身旁。

你不需要告诉他很厉害、很棒，除非他在生理上有些限制，否则跌倒后爬起来只是一个人的本能。但是你可以帮助他看见自己的勇敢、爬起来的意愿，并且让他知道："痛可以说出来，没有关系，不会被骂。"所以未来他不会害怕失败，不需要掩饰自己的脆弱，也相信自己有能力克服挑战。

让一个人认可自己的能力、欣赏自己，也能生出面对挑战的勇气，就是鼓励的终极目的。

有些讲师看到有听众睡着了可能会很生气，因为觉得不被尊重。有时候，我的演讲是在下班后的晚间时段，偶尔遇到那些睡醒后满脸愧疚的家长或教师，我通常会好奇地问："下班后这么累，你还愿意来参加这个讲座，你是怎么办到的？"

我也经常对那些在叙说生命故事时掉泪的朋友说："讲这些事情这么难过，你却愿意勇敢面对，你是怎么办到的？"

此外，我再举一些例子，让你熟悉这一句话的使用时机：

◆ 你知道老师很凶，却还愿意向他坦承过错，你是怎么办到的？

◆ 几次考试都失利，你却坚持不放弃，你是怎么办到的？

◆ 身边的人都劝你放弃，你却数十年如一日地照顾这些流浪儿，你是怎么办到的？

◆ 你明知道他在骗你，却依旧善待他，你是怎么办到的？

需要注意的是

当然，不管一句话多么好用，也需要视情况有节制地使用。

当对方出现负面行为，例如打人、自伤、偷窃、逃课等，你就不能问他"你是怎么办到的"，因为那很可能会强化他的负面行为。这并不是说鼓励在这类事件中无法派上用场，但我们鼓励的目标是行为背后没有说出来的意图（打人可能是想保护自己，或者引起别人的注意），而不是负面行为本身。

还有，当你鼓励对方的时候，也尽量避免对话中重复夹杂"你是怎么办到的"，毕竟同样的语言重复太多次，会让人觉得很烦、很刻意。

📝 练习

1. 为什么"传统的鼓励"不但没有太大的帮助，有时候，还会有负面的影响？

2. 有效的鼓励不是关注结果，而是针对行动过程中的四个面向：付出、坚持、意图、勇气。下列情境，你能判断出他们值得被鼓励的是什么面向吗？

◆ 孩子将家政课烤的蛋糕小心翼翼地带回家，并且在全家人晚餐后端上桌，没想到满怀期待地打开盖子后，发现蛋糕已经塌掉一半，味道也怪怪的。

◆ 马拉松选手知道得奖早已无望，却依旧强忍剧痛，走完全程。

◆ 一个数十年来被许多人批评为个性固执、教学方法不知变通的教师。

◆ 一对交往已久的同性伴侣，明知亲人反对，却依旧相知相惜、深爱着彼此。

3. 在成绩、薪资、成就、外表等外界所看重的标准之外，你认为自己身上还有哪些部分值得被鼓励？

十四、面对别人的称赞，如何回应？

——恰到好处的谦虚，有助提升人际关系

某次演讲结束后，我到校园里的松饼屋买饮料，一位同学带着有些不好意思的笑容朝我走过来。

"老师，我是刚刚听演讲的研究生，很抱歉打扰您。我很想问一个问题，可是刚才人很多，我不太敢问……"

"可以啊，但我只有十分钟。如果你愿意的话，可以说说看。"我说。

想问但不敢问，却又不想放弃，虽然害怕，却还是鼓起勇气来找讲师。我能感受到这个学生内心的挣扎，以及最终求知欲战胜了恐惧的勇气。

冒着赶不上车的风险，我想要好好接住这一份勇气。

"我很怕被别人称赞。"他有些怯怯地说，"我的功课，嗯，应该还可以，可是我好害怕别人说我功课好，我觉得并没有特别好，然后我不知道怎么回应……"

结果一问之下才发现，这位同学的功课根本不是"还可以"而已，他的成绩远远超过班上同学一大截，而且从小就通过自学，精通英、法、日语，目前还兼职翻译工作。

我瞪大了眼睛，好奇他是怎么办到的？（你看，这句话又派上用场了。）

他露出尴尬的表情说："这真的没什么，别人也可以，只是他们可能不太想做这些事情……"

我在心里猜测，当同学赞美他的时候，他的反应大概就是如此。

我问他，是什么让他这么害怕别人的称赞。

他说，从小他就经常因为学习成绩受到大家的关注，可是一来他不觉得自己跟别人不同，二来是他经常听到一些闲言碎语，说他很嚣张、自以为是。因为难过，所以他提醒自己要更谦虚，于是他想出一些回应的方式：

"不会啦，你的数学也很厉害呀。"

"某某的英文才是真的强。"

"是这次题目比较简单。"

"可能是我的运气比较好。"

原来，他的方法是试图转移大家的目光，尽量避免自己"散发光芒"。

"这样做，效果如何？"我好奇地问。

"唉，结果我又听到别人说我矫情、虚伪。"他说。后来他愈来愈害怕与人接触，干脆把自己关在宿舍做翻译，尽量减少与同学交往。

"刚刚的讲座，你觉得我讲得如何?"我问。

"我很庆幸参加了，您讲得很精彩，也很实用。"他说。

"谢谢你，你注意到其他人对讲座的反应吗?

"有啊! 我很少听到同学鼓掌这么热烈。"

"那你还记得当大家鼓掌时，我说了什么吗?

"老师您说……'谢谢大家'，对吗?"

"对啊，对于称赞，我说了'谢谢'，并且欣然接受，你会不会觉得我很自以为是?"

"不会呀! 您真的讲得很精彩。"

"那如果我对自己今天的表现并不满意，你觉得我刚刚应该说'谢谢'，还是说'大家太客气了，是你们比较容易被满足''其实还有其他讲师讲得比我好''今天是我运气好，没有忘记内容'比较适当?"

他愣了一下。

我继续问他:"不管我觉得自己表现得好或不好，面对全场同学的称赞，哪一种反应，大家比较不会尴尬?"

对话至此，十分钟也到了。我没有告诉他该怎么做，但聪明如他，相信可以理解我的意思。

如何回应？心理师这么说——

被扭曲的"谦虚"

我们生活在一个极度推崇谦虚，同时又污名化谦虚的文化环境中。

◆ 绝对不能认为自己表现得很好，那会让你停止进步。

◆ 即使大家都说你表现得很好，也未必是真心话。

◆ 就算大家都称赞你，你也不能欣然接受，那会显得你自大、傲慢。

这些教条告诉我们：认为"自己是好的"，往往会带来负面影响。所以渐渐地我们变得不敢接受自己的好，甚至看不见自己的好。

为了避免因为自己的"好"而受"惩罚"，我们不得不学会"说服"他人：

◆ 其实我并不是很优秀，是你们看错了。

◆ 还有许多比我优秀的人，只是你们没有发现罢了。

◆ 我只是运气好，下一次就不会有这么好的表现了。

◆ 其实你某些地方比我好很多，还是你比较优秀。

◆ 都是因为你们比较客气，看得起我。

这种互动像是你想把一个东西分享给对方，对方却立刻微笑着推还给你，你充满诚意地再次递给对方，对方又推回来……弄得好像互扔炸弹，谁都不敢接手。

明明就是一个正向的称赞，怎么会弄得如此小心翼翼呢？

"过度的谦虚"让人感到被拒绝

无论别人的赞美是发自内心还是基于礼貌或纯粹客套，都是想要和你互动的行为。

相信大多数的人都玩过扑克牌吧？

大部分的扑克牌游戏，总要有人发牌、有人接牌才能进行。那些给予赞美的人就像是发牌的一方，"过度的谦虚"则是把牌卡频频退还给发牌者，甚至直接放下牌卡，起身离开牌桌。你想，这种举动带给发牌者什么感受呢？

"过度的谦虚"带给对方的是一种被拒绝的经验。

对方可能会以为自己说错了话，误以为你不喜欢他，或者误以为你其实蛮难相处，为了避免重演尴尬，未来也可能减少与你互动。

这应该不是你期待的吧？

"那万一对方的赞美是说反话，故意酸我呢？"我也遇过有这种担心的人。

在这种情况下，无论你怎么响应，我猜他都不会喜欢你。

如果你假装没听到，可能被解读为没礼貌；客气响应，又得耗费力气跟他多说许多话。与其如此，倒不如大方地说声"谢谢"，表面上不失礼貌，也不让自己觉得矮对方一截。至于对方会不会觉得你很自大，那是他的事情，对这种人，不需要太过认真。

如果他存心要在众人面前让你难堪，你却若无其事地大方接受，并且不做任何负面的响应，他会像是陷入没有施力点的流沙里，到头来你得了面子，他却落得一脸难堪。

"接受赞美"与"自大"的差别

"接受赞美"并不等于"自大"。

"接受赞美"是指针对他人的善意予以友善的响应。就像你从对方的手中接过东西，然后礼貌地向对方道谢。

"自大"是缺乏同理心的。别人对他的成就可能毫无兴趣，但他却到处说给别人听，秀给别人看。除了表达内心的喜悦之外，他也习惯性地向别人展现他的能力与成就。为自己的表现鼓励或喝彩并没有错，但"自大"让人讨厌的原因在于，他会传递出自己高人一等、比别人优越的讯息，并且忽略了别人的不适。

我将"大方接受赞美""过度的谦虚""自大"三者列成一个表格，方便读者更清楚这三者的差别：

别人对你的赞美	1. 大方接受赞美	2. 过度的谦虚	3. 自大
你做的饭菜真好吃	谢谢！很高兴有机会跟你分享。	没有啦，我都是乱煮的，是你比较不挑。	我煮的菜连知名餐厅都比不上，想吃我做的料理还要看我的心情呢！

别人对你的赞美	1. 大方接受赞美	2. 过度的谦虚	3. 自大
你们家布置得好美哟	谢谢你的欣赏，欢迎常来喝茶聊天。	现在大家都这样布置，我也都是学别人的，其实没什么特别。	还好啦，这些都是从国外带回来的。家里的摆设怎么能买什么便宜货呢？
你们家小朋友懂好多英文单词呢	谢谢鼓励，他喜欢的事情就会很努力去练习。	唉，花了很多钱去补习只会这几个单词！真是资质驽钝。	都什么年代了，还有孩子没学英文？未来应该很惨吧？我们早早就让孩子上了双语幼儿园。
你把车子保养得真好	您的观察真犀利！我的确很用心在照顾呢。	老车一部，不值钱，也没钱换新车，只好勤保养。	干吗自己保养？我都是送原厂选最贵的方案打理。坊间那种洗车打蜡的千万别去，只会弄坏车子而已。
你好厉害，年纪轻轻就当上教授了	谢谢鼓励，我这几年真的费了不少苦心，也幸亏有多位贵人相助。	没有啦，刚好学校缺人，运气好，不过这也不是什么有名的学校……	我什么都不会，就只会念书，不当教授还能做什么？你没教书吧？现在的学生真的不好教呢……

从这个表格里，你或许还会发现：过度的谦虚很可能会被认为是自大。

原因是，当别人发自内心羡慕你的表现、成就、拥有的东西时，你却总是说这些东西其实不怎么样、没价值，落在那些羡慕你的人的耳朵里，多少会觉得不是滋味，误以为你很嚣张。

大方说"谢谢"，就是最好的回应

无论来自谁的赞美，只要面带微笑、大方地向对方说声

"谢谢"就可以了，重点是让对方觉得他的善意被你接收到了。这原本应该是愉快的互动，无须搞到彼此都觉得很尴尬。

有时候，你甚至可以这样响应：

◆ 谢谢你，这是我今天听到最开心的事情了！

◆ 谢谢。因为你，我才知道原来我某些方面表现得还不错。

◆ 如果不是你，我这阵子可能会一直很沮丧。

◆ 谢谢你，你真的很会鼓励人！

◆ 哇！我以后也要像你这样会欣赏别人。

你看，这种响应不但接受了别人的善意，没有显得骄傲、自满，而且还让对方觉得自己说了一句很了不起的话。你不仅接受了对方的好意，甚至还反过来赞美了对方。

接受赞美，为何如此困难？

说出"谢谢"这两个字的困难之处，或许在于你不习惯别人对你的赞美，因为你根本不欣赏自己，不认为自己是好的。

如此一来，你当然不会喜欢别人的称赞。因为你对别人口中赞美的那个"你"，觉得既陌生，又疏离。这时候别人的赞美就像搅动一池湖水，水面上那熟悉的样貌被搅浑了，你看见的不是习惯的那个自己，因而觉得慌张、困惑。

所以，别再以为边缘人都是表现不好、畏惧退缩的人了。有些人其实非常优秀，只是因为不知道该如何响应他人的赞美而觉得困窘，甚至误以为自己的优秀是破坏人际关系的凶手，无计可施之下，只好把自己放逐到人群之外。

　　想要自在地面对他人的赞美，需要调整的不是对方的行为（或许有些人的赞美真的很拙劣、让人不舒服，但那不在我们的讨论范围里），而是我们如何与自己的"好"和平共处。关于这一点，建议你再次参考第三章《"喜欢自己"是摆脱边缘人生的第一步》。

　　从此刻开始练习欣赏自己，学会大方地接受别人的赞美吧。

📝 练习

　　1. 想想看，为何"过度的谦虚"对人际关系没有帮助？

　　2. 如果面对别人的赞美不自在，那是因为想到了什么？

　　3. 读完这一章，未来当别人称赞你的时候，你会如何响应呢？

十五、真心诚意的道歉，该怎么说？

——三个步骤，有效道歉

日常生活中，那些被我们挂在嘴边的大道理，有时候自己也很难做得到。

"道歉"就是很典型的例子。

仔细想想，最近一次你因为过错、疏失，真心诚意向对方道歉，没有辩解、没有讨价还价、不计较对方的回应，那是什么时候的事情？

通常来听我演讲的听众，八成以上都是成人，其中绝大多数是家长和教师，因此我经常听到大人与孩子之间发生的各种冲突。

有时候出于种种原因，教师去翻学生的书包，父母去搜孩子的房间，用咄咄逼人的语气质问孩子某些问题，孩子可能会以顶撞的言辞回应。这"悖逆"的话一说出口，场面就越发不可收拾了。孩子可能会被处罚，被记过，被要求写悔过书，甚至可能会被迫带去接受心理师的咨商。

尴尬的是，有时候折腾个天翻地覆后，才发现原来是一场误会。

"万一误会孩子了，怎么办？"老师或父母问。

"那就道歉啊，有什么难的吗？"我说。

偏偏很多大人无法向孩子"道歉"，理由包括：

◆ 我是家长（教师）耶！我若道歉，以后怎么管得住孩子？

◆ 就算是我误会他了，他回话的语气，也很不可取！

◆ 孩子怎么可以跟父母计较？不懂得感恩吗？

◆ 我已经跟他解释过了，他却还是摆出一张臭脸，真不懂事。

◆ 被误会一下就气成这样子？也太脆弱了吧！

他们希望我改变孩子的脾气，不要这么容易生气；希望孩子更懂事，体谅父母的无心之过；希望孩子理解父母的好意，不要在意那些难听的话；希望孩子规范自己的行为举止，避免让大人误解他们……

那谁来体谅孩子被误解的心情呢？

"对不起，我办不到。"我的回答始终如一，"不管你是谁，是不是无心的，做错事，理亏了，就道歉吧。"

我们从小就这样被教导，也这样教导我们的孩子。可是我们却无法真心诚意向对方道歉。

我发现，现在的人愈来愈难面对自己的过错，我们会用许

117

多理由来"打脸"对方，证明自己没有错。即使所有的证据都指向自己有过失，在接受惩罚时，也要把自己包装成委屈、受害的一方。

有时候，我们因为不敢面对自己的过失，不敢向对方道歉，使得彼此间一直存在冲突与误解。我们宁可远离对方、抹黑对方，甚至不惜失去这段关系，也还是没有勇气面对自己的过失。有时候即使内心想要向对方道歉，却因为拉不下脸而说得不清不楚、不甘不愿，结果道歉之后，关系反而更僵了。

如何回应？心理师这么说——

鼓起勇气，面对自己的错误

想要真心诚意地道歉，最困难的不是技巧，而是诚实面对错误的勇气。

这些大人在演讲中与我讨价还价，想尽各种方式"要孩子改变"，就是没办法面对自己误解、伤害了孩子的事实。与其说没办法接受孩子的反应，倒不如说，他们没办法接受自己竟然会成为"误会孩子的大人"。

说穿了，就是拉不下脸。

因为拉不下脸，大人有时候会用说理、教训的方式来对待孩子。结果可想而知，亲子关系肯定更加恶劣。

一个人如果无法面对自己的错误，不仅是亲子关系，还会在伴侣关系、职场交往、人际互动中复制同样的模式，差别只在于某些人地位比你高，会威胁你的安全或生存，所以你在表达上会相对收敛一些，但内心并不是真的感到抱歉。

人非圣贤，孰能无过。人际交往中难免有大大小小的摩擦，如果每个过错都要耗费大量的力气去辩解、否认，岂不是很累？

技巧其次，态度至上

当你做错事情，伤害了别人，"道歉"就是必要的举动。

"为自己的过失道歉"无关身份与角色。如果你认为自己是主管、是父母、是教师、是家庭的经济支柱，所以可以免去道歉的行为，那么，你其实并没有真正尊重被你伤害的人，而且你也缺乏为自己的行为负起责任的担当。

在这种情况下，一旦你鼓起勇气（却不是真心地）向对方道歉，对方的反应却和你的预期不同时，你很可能会恼羞成怒，结果再次指责、批评对方。

如果你能够尊重对方的感受，即使道歉之后，对方依旧不开心，无法给你正向的响应，虽然你多少会因此不舒服，但也不会因此生气。因为你知道他的负面情绪需要时间慢慢平复。

如果"拉不下脸"的道歉会让对方觉得不舒服，感到被敷衍，那么"有效的道歉"到底该怎么说呢？

三个步骤，有效道歉

"有效的道歉"必须包含三个步骤，依序为：

1. 表达歉意：这是道歉的最基本行动，例如向对方说对不起、抱歉、不好意思……大多数的人都只做到这个步骤（有些人连这个步骤都做不到）就停止了，但光是嘴上道歉还不够。

2. 坦承疏失：表达歉意之后，还要能够清楚知道自己到底为何而道歉，疏失的部分是什么，让别人不舒服的原因是什么，如果能说出具体原因，就能让对方感受到你是真的有所反省，愿意检讨自己的行为与态度，而不只是片面敷衍地说"对不起"三个字。

3. 提出补救：为自己造成的伤害提出弥补的措施。这个步骤是向对方表达"你愿意为自己的行为负责任"的诚意。如果只是道完歉就走人，就如同你把自己造成的困扰丢给对方去处理。当然，如果你不清楚该怎么做比较好，不知道对方的需求是什么，在此步骤，你也可以释出诚意，询问对方希望你如何弥补过失，承担责任。

我举一些例子，让你更清楚"有效道歉"的具体操作方式：

事件	1. 表达歉意	2. 坦承疏失	3. 提出补救
弄翻了对方的饮料	不好意思。	我不小心打翻了你的饮料。	请等我一下，我去买一杯还给你，可以吗？

事件	1. 表达歉意	2. 坦承疏失	3. 提出补救
不小心剐花了对方车子的烤漆	非常抱歉。	我不小心剐伤了你的车子。	可否请您估价后告诉我，我会与保险公司讨论赔偿事宜。
网络上的错误攻击	非常不好意思。	这事情是我误会了。	能允许我在网上发布道歉声明吗？你希望我怎么写呢？
因为孩子之间的冲突，家长也起了冲突	我对你们感到抱歉。	因为担心和生气，我也对你们夫妻说了过分的话。	以后我会先和你们讨论和确认，避免在孩子面前做负面的示范。
大人误会了孩子	我觉得很抱歉。	我误解了你的意思，也对你说了不礼貌的话。	我很想知道，怎样问，你会比较愿意告诉我呢？

我再强调一次，有效道歉，是指你用尊重的态度，清楚地传达你的歉意，进行反省，并提出补救措施，但这不表示对方必须立刻消气，像是船过水无痕那样和颜悦色地表达原谅，与你互动。你做错了事情，因而别人对你有情绪，这是你得承担的责任。

道歉是你应尽的责任，原谅与否则由对方来决定。

"有效道歉"，有使用上的限制吗？

基本上没有。

因为这三个步骤传递了你道歉的态度，让别人感受到你真心反省自己的过失，也愿意提供补偿的措施，尊重了对方的感受及需求。

如果非得举出特例，唯有一个需要注意的时机。

当你身为大人、主管、教师等角色，面对权力位阶相对较低的孩子、员工、学生之间的冲突，如果你欲介入，调解冲突时，避免先入为主地判断谁是谁非，然后非得强迫你认为过失较大的一方用这三个步骤向对方道歉。

那种道歉只是一种碍于你的权威而敷衍了事的行为罢了。在你看不见的地方，他们可能会出现更大的冲突。

协商的过程不是本书的重点，所以在此不多加赘述。但是，你可以在厘清事情的前因后果之后，邀请双方思考：如果彼此都有过失，按照三步骤道歉法，他们想对对方说什么？

他们的道歉，或许无法第一次就让彼此感到满意，所以需要进行几次练习与对话。不过，在思考的过程中，个人也在逐渐练习为自己的行为负起责任。相较于只是不甘愿地被迫道歉，执行被别人规定的补偿行为，认真思考"有效的道歉"的过程有意义多了。

练习

1. 对你而言，如果要坦诚地向他人道歉，你担心的是什么？
2. 针对以下事件，请你试着练习"有效道歉"：

事件	1. 表达歉意	2. 坦承疏失	3. 提出补救
把对方的作业借回家，隔天却忘了带到学校			
自愿帮同事处理工作，却超过时效没做完			
弄坏对方的东西，两天后被对方发现			

第三篇

有效防御：提升冲突解决力

面对冲突三守则：

① 提升冲突解决能力，从改变自己开始。

② 真正的目的是沟通，而不是攻击。

③ 冲突帮助我们了解彼此重视的需求与价值。

十六、处理冲突，欲速则不达

——了解"情绪水缸"，面对冲突不慌张

"有问题要立刻处理，否则情况会变严重。"对于这句话，你有什么想法呢？

的确，遇到像是工厂管道外泄、计算机系统遭到黑客入侵等危机，确实需要抓紧时间赶紧修补，才能避免更严重的后果。但是人与人之间的冲突，重点不只是"事件"，还掺杂了许多"情绪"，而情绪的影响力往往更胜于事件本身。

我们经常低估情绪的影响力，然后理所当然地劝告别人："冷静下来，不要有情绪，才能好好处理问题。"这句话骗别人或许还行，但你绝对骗不过自己。因为情绪正在内心翻滚、沸腾，让你无法冷静思考，妥善行动。

不去想的事，反而会一直想

心理学中有一个很有名的"白熊效应"——愈是提醒自己不要想的事情，就愈会去想。

不相信吗？来，我现在就带着你做个实验。

请你先深深地吸气，再缓缓地吐气，试着放松身体。

然后，脑袋里面不要想着一头全身雪白的大熊。看清楚：我叫你不要想着一头大白熊，所以你不可以一直想着一头大白熊喔。

"不要在脑海里想着一头全身雪、白、的、大、白、熊。"

发现了吗？我每提醒一次，圆滚滚的大白熊就会在你的脑海里出场一次。

许多情侣分手以后最痛苦也最困难的事，就是要求自己尽快"忘记对方"，因为你每提醒自己"忘记"对方一次，就等于又想起对方一次。

同理，当你想要减肥的时候，经常努力提醒自己忘掉火锅、炸鸡、蛋糕、珍珠奶茶……这时候，你在想什么？

没错！就是这些美食，而且还会边想边咽口水，觉得肚子有点饿呢。

所以，当你告诉自己或他人不要生气、难过、紧张时，反复被提醒、被放大的情绪是什么？此刻你应该清楚了吧。

从现在开始，停止告诉自己与他人："不要去想，就不会有情绪；不要有情绪，就可以好好处理事情。"

不去面对，不代表这些情绪会自动消失，若要面对负面情绪，我们就需要一套更有效的策略，而不是重蹈过往那种负向循环的思考模式，让自己困在负面情绪的旋涡里。

如何回应？心理师这么说——

认识"情绪水缸"原理

我们的内心就像一座容量有限的水缸，当水缸装满负面情绪时，就无法装下其他东西。因为内心已经被负面情绪占满，所以别人要你快乐一点，鼓励你正向思考，对你而言，无疑是很困难的任务。

那么，要怎样才能让自己重新拥有正向的能量呢？聪明的你，是否已经想到了方法？没错，那就是把内心的负面能量倒掉一些，才能腾出一些空间，装入正向的能量。

重点来了，想要舀出水缸里面的水，任何一把水瓢都办得到。但是我们的负面情绪不像现实世界中的水那样具体，伸手一舀就能轻松舀到。如果想要处理负面情绪，我们就需要一把具备"理解"与"同理"功能的特制水瓢。

举个生活中常见的例子。

我常听到老师教训学生："为了一点小事就吵架，你们难道不知道同学之间要相亲相爱吗？为何不各退一步？来，向对方道歉……"接着讲起白羊、黑羊在独木桥上僵持与退让的故事。

在这种情境下，你觉得孩子会真心反省，向对方道歉，还是在心里暗骂："他 × 的，等一下回教室，你就知道我的厉害了……"

学生不愿意向对方道歉，很可能是因为主观上觉得被欺负了，加上被老师误解与责备，生气与委屈占满了内心的情绪水缸，以至于没有多余的空间，再去反省、思考更适当的行为策略。教育学生的确是老师的职责，但如果只是想赶快解决问题，却没有关注到个人的情绪，往往会事倍功半。

如果我们想引导对方舀出水缸里的负面情绪，就得通过倾听来理解他的处境，并且同理他的情绪。当这些堆积在内心的负面情绪被听见、被听懂，然后被接纳之后，会像暖乎乎的水蒸气那样轻柔地蒸发，这么一来，原本饱和的水缸就自然会腾出一些空间，让人觉得放松下来。

这时候，你的教育和鼓励，才能被学生接收。

理解，可以减少怒气

我们对事情的"理解"可以分成两种层次，一种是用自己习以为常的观点来理解事情，称作"主观式理解"；另一种是试着从对方的角度来理解事情，称为"客观式理解"。

没有一个人能够做到完全的客观，但我们可以练习用"尽可能不要太主观"的态度试着贴近对方的立场，理解他的处境。

有时候我们对一个人发怒，往往是因为他的行为表现与我们的期待或价值观相违背，所以给他的行为贴上负面标签。在这种情况下，我们是以"行为"来评价这个人。

例如，一个经常迟到、上课打瞌睡、制服泛黄、身上有些异味的高中生，从我们的角度来看，会认为他不讲卫生、不成熟，生活习惯不好，所以需要被教育、被处罚。

但是，如果把我们熟悉的规则、价值判断暂时先移到一旁，试着用客观式的理解"走进"他的世界，或许我们会发现：他的父母长年离家，他放学后必须去打工赚钱，养活自己与妹妹；家里没有洗衣机，他经常因为工作疲累，无法好好把衣服洗干净；他不吃早餐，所以精神总是不好，因为他必须把钱留到晚上，他和妹妹才有钱买饭吃……

看到这里，即使你依旧不认同他在学校的表现，但是，你对他还会如此生气吗？我猜，你对他的负面评价很可能会淡化许多。

因为你的观点改变了：在你的眼里，他不再只是一个卫生习惯不佳的高中生，而是一个有担当、负责任的哥哥。

观点改变了，人对事情的接受度也变得更宽广，连带地情绪也会随之改变。如果想要拓展自己的观点，那么最好的方式就是试着放下自己的价值观，走进对方的世界，增进对他的理解，就是最好的方式。

同理，打造更信任的关系

"理解"是了解事情的内容、来龙去脉，"同理"则是体会对方的"情绪与感受"。

每个人都是不同的个体，拥有独特的生命经历，因此我们未必都能够对对方所遭遇的事情感同身受。但我们可以试着站在对方的立场去体会：如果是你自己遇到同样的情况，会有什么样的心情与感受？

每一个人都值得被同理，这无关乎对方的行为，以及世人对这个行为的评价。例如：

◆ 因为买不到玩具而号啕大哭的孩子，内心可能是失望的、沮丧的。

◆ 考试作弊被抓到的学生，内心可能是懊悔的、愤怒的、羞愧的。

◆ 长年失业、选择用酒精麻痹自己的人，内心可能充满自责、怨怼、无力。

◆ 一个经常换工作的人，内心可能是迷惘、无助的。

这些人的行为虽然不符合社会的规范或期待，但是他们的遭遇值得被理解，他们的情绪与感受也需要被同理。如果你能让对方感受到："我相信你现在不太好受，也可能正在经历一段很辛苦的历程"，虽然你帮不上什么忙，但他们会觉得有人懂他们，愿意体会他们的感受，因而有被支持的感觉，也就不会觉得那么孤独。

让时间冷却情绪，讨论才更有意义

我常听到人们为自己情绪失控这样辩解："问题如果不立刻处理，就会失去重要的时机。"其实，我觉得那只是因为自己正在气头上，如果不立刻把心里的话说出来，把情绪发泄出来，会觉得很难受而已。

人在情绪极端高涨的状态下，大脑执行决策与判断的能力会退化回原始状态，就像是动物在遇到危险之际，会出现的反应最主要分成两种：战或逃（fight or flight），这种反应放在人类的行为里就是"攻击对方，或者远离现场"：要么与你大吵一架，要么把房间门用力一摔，把自己关在里面，拒绝沟通。

时间无法解决所有的问题，但至少可以让激动的情绪稍稍平缓，帮助我们的大脑恢复到比较理智的状态。愈是重要、复杂的问题，愈是需要平静的情绪和清晰的思路，才能好好讨论，不是吗？

睡饱，再来解决问题

"充足的睡眠"对人的身心健康很重要，却经常被忽略。

一般来说，十八至六十五岁的成人，每天平均需要的睡眠时间是七至九小时。如果你这段时间的睡眠质量不太好，睡眠时间不充足，或许也不是处理人际冲突的好时机。

睡眠会影响人体内神经传导物质的分泌与作用。研究发现，当人们的睡眠质量不佳、睡眠时间不足时，你的决策能力与情绪处理能力都会下降。

决策能力低，可能会让你说出不适当的语言，做出错误的决策与冲动行为；而情绪处理能力下降，则会让你感到忧郁、焦虑、低落，处在负向情绪的状态里，此时也容易将他人原本中性的行为，做出扭曲且负向的解读。

你想，在这种状态下，你能好好与对方说话，妥善处理冲突吗？先去睡一觉，睡饱，再来解决问题吧！

练习喊暂停

当双方正处在高涨或低落的情绪状态时，往往不是谈话的最佳时机。这时候，你可以试着练习"喊暂停"：

◆ 我现在情绪不太好，请你等我十分钟。等会儿我们再来讨论，好吗？

◆ 我发现你现在心情很不好，你稍微休息一下，等会儿我再和你讨论，好吗？

如果对方是父母、上司，你无法（或不敢）要对方等你冷静，那该怎么办？这时候就可以使用类似"尿遁""要回电话""关瓦斯"等对方无法拒绝的理由，让你可以暂时离开现场冷静一下，并且思考对策。

总而言之，想要处理问题，在情绪高涨时并不是恰当的时机，试着找到双方都比较冷静的时刻，从理解与倾听着手。

慢慢来，比较快。

📝 练习

1. 为什么在冲突发生当下，彼此情绪比较激烈时，不适合处理事情？

2. 用哪些方式，可以帮我们舀出"情绪水缸"里的负面情绪？

3. 如果真的需要暂时离开现场、冷静一下，你有哪些好的理由呢？（搜集愈多愈好喔）

十七、你不爽，为什么不明讲？

——认识"被动攻击"，缓解内伤

假设你每次到同一家快餐店买炸鸡时，都会挑选你喜欢的部位，而店员也总是从善如流地点餐。某一次春节，店家在门口贴了一纸公告："因春节人多，恕不开放挑选炸鸡部位的服务。"但你完全没注意到公告，饥肠辘辘地冲进店里。当然，又一如往常地挑选你喜欢的部位。

店员照常帮你点单，不一会儿，后台似乎有一些躁动，原本正在夹炸鸡的店员停下动作，低头不发一语，一位店经理模样的人正在对他大声训话。

训到一半，店经理突然抬起头来，看向正在等待取餐的你，然后缓缓地朝你走来。

"不好意思喔，请问，你不知道今天不能挑选部位吗？"店经理把装着炸鸡的纸袋，用力地"放"到你面前。他的话里没有一个字是粗鲁的，但他脸部肌肉紧绷，音量大得有些突兀，店里的客人纷纷转头看向你……

这时候，你会怎么响应呢？

◆ 当场愣住，觉得困窘："哎呀，真丢脸，我怎么没看到公告？"

◆ 低声道歉："对不起，我没注意到。"但事后可能又觉得不舒服："是他服务态度恶劣，我凭什么低头道歉？"休假的好心情也跟着泡汤。

◆ 出言反击："你凶个屁啊！好好讲话行不行？"但是才刚骂完，你就开始担心旁边会不会有人拿手机直播，然后你将成为霸凌辛苦店员的难缠客人在新闻中反复出现。……

◆ 话中带刺："唉唷，生意好、赚够了，果然态度就不一样了。"

◆ 鼻头一酸、声泪俱下："我只是希望过年期间有一块炸鸡温暖孤独的心，我不知道做错了什么，你要这样凶我……"

（这应该是电影看太多了。）

不管你选择哪一种方式回应，都代表你心里不痛快。可是为什么对方明明没说什么过分的话，我们却觉得不舒服？

因为，他的语气和眼神不友善，他的"不好意思"听起来像是"你怎么好意思"；他的"请问"听起来像是在"质问"你，话里话外都在指责你是来找碴儿的。

这就是典型的"被动攻击"。

如何回应？心理师这么说——

"被动攻击"是什么？

对于"攻击"这个概念，我们最熟悉的就是肢体伤害，或者语言的羞辱、谩骂、指责。然而，当人们采取"被动攻击"时，表面上往往看不出明显的敌意或愤怒，他可能展现出自己的无能为力，甚至对你表达歉意。他的行为看起来是如此消极而无害，但这种"无奈""不作为""道歉"却又让你感受到一种"难以具体描述"的不舒服。

这种有如化骨绵掌，伤人于无形的招式，当然也是一种不折不扣的攻击。

请你回想一下，是否听过类似的话：

1. 都怪我书念得不够，才听不懂你在讲什么。

2. 都是因为我太爱你、付出太多，才让你觉得有压力。

3. "没关系，我不重要，不需要吃这么好的东西。"然后你却发现用心为对方准备的食物就这样放到馊掉，最后只好扔了。

4. 表面上认同你帮他安排的面试，但总以各种理由错过面试。

遇到这些情况，你很难不动怒。

你不仅气对方，更气自己找不到对方让你不舒服的原因。伴随着生气而来的，是你不知道该如何应对的无力感。

我们来找出上述"被动攻击"中让人不舒服的关键：

1. 说自己理解力不好，其实是在指责你说话太难懂。

2. 说自己太用心，其实是在责怪你不懂得珍惜。

3. 用客气且委婉的语气拒绝你的善意。

4. 通过迟到、拖延、不完成某些答应你的任务，表达对你的拒绝。

不爽就直说啊，干吗用这种迂回的方式？你可能会困惑：为什么人们不开门见山、有话直说，却要采取被动攻击？

说不出口的负面情绪

被动攻击的形式是"心里不爽，却不明讲"，而这个"不明讲"很可能是因为：

1. 不敢讲

从小就不被允许说出自己的需求，不能如实表达自己的情绪，害怕说出来可能会被惩罚、被讥笑。因为害怕受伤，在成长过程中，逐渐用压抑、忍耐的方式来面对自己内在的需求和情绪。同时也警告自己："说出真实的想法与感受，肯定会遭到处罚。"

2. 觉得不该讲

在意他人的眼光，害怕自己在别人眼中不完美。担心如果别人知道自己有所求、有不足、有脆弱，就会因此被讨厌、被疏离。在这种担心的背后，其实是深层的自卑心作祟。

3. 不想讲

对于关系不信任，不相信对方真的会接纳、包容自己。担心说出来就会有危险，所以不想讲。然而想要建立一段健康的关系，我们必须学会坦承自我，也学习接纳对方。一段无法接纳彼此的关系是脆弱的，这样的人往往觉得对方不值得信任，但真正让他难受的，是害怕自己不被他人所接纳。

他们虽然没有把自己的不舒服说出来，却通过各种被动攻击的形式来"表达"内在的负面情绪。一旦你被这种行为惹怒，并且指责对方时，对方就可以"合理"地回击，于是一场冲突便产生了。

原本被攻击，觉得委屈的你，摇身一变成了加害者，同时，没有把情绪坦白说出口的对方，却成了受委屈的被害者。表面上看起来，是你的愤怒引发了这场冲突，他只是无辜地被迫卷进冲突。但实际上，他才是引起这场冲突的始作俑者。

如何才能让自己免于这种无妄之灾呢？

第一步 避免情绪被牵动

面对被动攻击，最重要的第一步是：避免随着对方的情绪起舞。

你要提醒自己：对方并没有说出真实的情绪和需求，他有意无意地借由被动攻击激发你的负面情绪，并且等着你挑起这场战争，促使你做出他期待的行动与改变。这时，你若沉不住气发怒或指责对方，就跳进了加害者的角色，届时需要道歉、需要改变的责任就都落在你头上了。

第二步　容许冲突存在

解决冲突的三原则之一：冲突帮助我们了解彼此重视的价值。

冲突可以帮助我们了解彼此的期待和需求，如果你能重复提醒自己这件事，就不会在每次快发生冲突的时候，让焦虑像海啸那样将你淹没。

请记得：人际冲突没有你想象的那么危险。试着冷静下来倾听，才有机会做更适当的响应。

第三步　客观描述对方的行为＋如实表达自己的感受

◆ 当你那样对我说话时（行为），其实我蛮受伤的（感受）。

◆ 看到你把那块蛋糕放到坏掉（行为），其实我蛮失落的（感受）。

◆ 听到你说我没有珍惜你的努力时（行为），我还蛮惊讶的（感受）。

或许对方并没有觉察到自己的人际互动模式有问题，通过客观描述对方的行为，可以帮助对方觉察他的行为，也让对方更愿意与你进行讨论。"客观"是指贴近事实，不加上个人的情绪或带有评价的成分；而"如实"表达自己的感受，是为了让对方理解我们的状态。

如果我们使用带有评价的描述，很容易激发对方的防御机制和负面情绪。

客观描述	评价描述	客观描述	评价描述
丢掉蛋糕	浪费食物	你剩下好多食物	你辜负我的苦心
说话大声	语气很差	你没有回我电话	你害我彻夜难眠
你说我不珍惜	你污蔑我不珍惜	他喜欢规律的生活	他的生活很无趣

第四步　说明你期待的沟通方式

说明你期待的沟通方式，让对方有机会理解你，学会用你期待的方式互动。你的口气可以委婉、尊重，但必须清楚且具体地说明你希望对方怎么做。

◆ 如果你真的不喜欢这蛋糕，你可以直接告诉我。

◆ 如果你觉得我说得太复杂，可以要我换个方式说明。

◆ 如果你觉得努力被我忽略了，我想你一定很不好受。如果你希望我更敏锐一点，可以提醒我或者教我吗？

自我保护的小提醒

进行前述这些练习时，有一些需要注意的事项：

1. 寻找适当的对话时机，不要在彼此情绪激动时进行谈话（请参考第十六章）。

2. 即使你做了充分练习，对方也未必能给你期待中的响应。

3. 判断行为的风险：在权力不对等的劳资关系、充满暴力的亲子关系或伴侣关系里，本章的练习很可能无法立刻收到理想的效果。这种状况下，还是以保护自身安全为首要原则。

✎ 练习

1. 应对被动攻击有四个步骤：容许冲突存在、说明你期待的沟通方式、避免情绪随之起伏、客观描述对方的行为＋诚实表达自己的感受，请依照行动的顺序填入下列空格：

第一步	第二步	第三步	第四步
——————▶	——————▶	——————▶	

2. 为什么描述对方的行为时，用字遣词要尽量客观？这样做，对沟通的好处是什么？

3. 如果你有一些行为不太恰当，你希望别人如何提醒你，才不会让你不舒服？

十八、当关系充满指责，该怎么办？

——情绪只是烟幕弹，没有说出口的话才是重点

演讲的现场并不总是一团和气。

有些夫妻联袂来参加讲座，谈到某些话题时一言不合，当场就指责对方不负责任、不体贴，孩子会出问题都是对方的责任……

碍于还有其他人在场，他们用字遣词和语气多少有所保留，但我可以感受到他们内心那些累积已久的负面情绪还被压抑着，没有说出口。

看着眼前这一幕，我常觉得困惑："人们之间，为什么充满了指责？""这种指责的互动模式，是从什么时候开始的？"

我想起某次授课时，一位伙伴分享的事情。在此，我们称呼他为小杰。小杰在课程中谈到这件事情的时候，语气和表情都很沮丧。

他在一次跟大学好友的聚会上，礼貌性地称赞好友的太太

手艺精湛，能够天天吃到这些饭菜真的很幸福；又夸奖朋友的房子布置得温馨漂亮，他也好希望拥有自己的房子，能把家里设计成喜欢的风格，再养个小孩……

回家路上，太太的脸色不太对劲，并且异常沉默。他几次关心询问，但是太太都没有回应。

几天后，小杰收到太太传来的几则讯息：

◆ 你在朋友面前说那些话，难道不会让别人嘲笑我是不会煮饭的妻子吗？

◆ 我已经很努力学煮饭了，你故意在我面前称赞别人，是想让我难堪吗？

◆ 明明是你叫我不用去工作，结果却讲得一副好像只有你在赚钱，所以买不起房子的样子。

◆ 你不用回我讯息，我不会回复的。

之后的剧情发展不难想象。无论小杰如何解释，太太一点儿也听不进去。

这种戏码在他们的婚姻里一再上演，虽然后来总会"和好"，但是前嫌并没有尽释。每一次冲突所引发的情绪、误解，都持续累积在彼此内心，因此每一次冲突的强度，也都比之前更剧烈。

你猜现场的小杰的同事们听到了这件事情，是如何回应的呢？

◆ 这就是你不对了啊！你怎么会去称赞别人的太太呢？

◆ 委屈放心里就好，买不起房子这种事，为什么要说出来让别人知道呢？

◆ 去向你太太道歉吧，以后说话小心一点。

◆ 女人总是比较敏感，你不要往心里去，过几天，她自然就会好了。

听到这些话，小杰似乎更沮丧了，欲言又止。

我问他听到这种"规劝"，是否觉得不但没有被理解，而且还被指责了。

他点点头，回以一个苦笑。

我相信，这些"苦口婆心"的语言对他来说，根本就不是开导，而是落井下石……

如何回应？心理师这么说——

"指责"缺乏沟通的意愿

小时候老师常常告诫我们避免指责他人："当你用食指指着对方的时候，别忘了有四只手指头指向自己。"但我常常顶嘴："不会啊！大拇指怎么弯都不会指向自己吧？"然后我就被叫到垃圾桶旁边罚站……

啊，跑题了！让我们回到正题。

"指责"是一种单向的表达行动。当太太指责小杰的时候，并没有想要与小杰沟通，只是想将负面情绪丢到他身上，认为他的所作所为是错的、故意的。接着她采取冷战的方式，拒绝沟通，等于剥夺了小杰澄清的机会。

可是，为什么当一个人感到心里不舒服时，不是先试着向对方询问，听听对方的说法，核对彼此的认知，反而先指责对方，认定对方是恶意的，是冲着自己来的呢？

惯性指责的特点

一个经常指责他人的人，通常有几种特性：

1. 缺乏觉察的能力

当他因为某些事情不舒服时，无法辨识这些不舒服，到底是来自他人的冒犯，还是因为自己的理解有偏差。因为缺乏觉察的能力，所以无法正确辨识出令自己不舒服的来源。

2. 缺乏沟通的意愿

有些人只想单方面宣泄情绪，却没有与对方沟通的勇气或意愿。有些人则是不知道如何与对方沟通、澄清。因为缺乏沟通，所以误会也没有机会消除。

3. 缺乏反省的行动

把情绪往他人身上丢，是解决负面情绪最快的方式之一。因为"错的都是别人，自己一点责任都没有"，所以全都责怪别人就是了。但是这种归咎他人、迁怒他人的方式，也是人际关系中最糟糕的行为。因为缺乏反省，所以不认为自己需要改进。

可是你发现了吗？就算你怪东怪西、怪天怪地，能怪的对象都责怪完了，心情却还是不太好。到底是为什么呢？

"指责"无法解决问题

当你指责对方后，或许会有短暂的快感，但那只是情绪的宣泄，而你内心真正的想法、感受、需求，并没有被听见。

你没有说出自己真正的想法、感受、需求，别人当然也无法理解你。至于别人的想法是什么，感受是什么，你可能并不在意。也因为你情绪化的反应，别人根本不想也不能好好跟你说话。

结果你责怪完对方，让关系变得恶劣，别人也可能会更加疏远你。或许别人真的因此较少再惹怒你，你觉得耳根清净了，但实际上，大家是在默默"封锁"你，与你保持距离，避免无缘无故地又被迁怒。

所以在人际互动中，"惯性指责"的人不但无法获得别人尊重，反而让别人避之唯恐不及。

减少指责的四个自问自答

人际互动免不了冲突与误解，这时候，要好声好气说话真的不太容易。不过，情绪化的谩骂对人际关系绝对没什么好处，如果对方又是朝夕相处的亲人或同事，那破坏性就更大了。

建议你在日常生活中多多练习这四个问题，减少因为情绪化而出现的毫无意义的指责。下面，我以小杰的太太为例说明：

1. 我是否足够了解这个人？

我所认识的小杰是喜欢拿我与别人作比较的人吗？他是一个不把话讲清楚，却在别人面前酸我的人吗？如果都不是，那么当我听到小杰这样说的时候，我是因为什么不舒服？就算他是真的觉得别人家的饭菜好吃、房子漂亮，难道就是对我不满意吗？

2. 我是否足够了解整件事？

小杰以往如何与这些好友互动？是否他们本来就会比较客气地赞美对方？是否他们本来交情就很好，所以也真心为对方现在好的发展而感到开心，并且给予祝福？

3. 我是否拒绝了沟通？

当我觉得不舒服的时候，是否可以先问问小杰刚刚说的那些话，是不是意有所指？我可否试着告诉小杰，当他在那个场合讲那些话的时候，其实我听了觉得有些困窘、有些在意？然后，也请小杰试着说说自己的想法。

4. 我是否没有同理对方的感受？

当我在一场聚会后，突然开始冷战，并且发完讯息后就不理不睬，他的感受会是如何？如果这么做，会让他很难受，这是我要的结果吗？让他感到难受，对我而言有什么好处吗？

当你把这四个问题思考过几次之后，很可能会发现，自己的情绪中多少夹杂了对对方的误解。

我不是要你忽略或否认内心的不舒服，但这些情绪中，有很大一部分往往是由于你不了解对方的动机，才会因为觉得被误解、不被尊重而感到不舒服。

通过对这四个问题的思考，你会更清楚自己重视的到底是什么，对方行为背后的真实想法是什么，然后你会惊觉："啊！原来指责并不会让对方更了解我，我们的关系也不会因而变得更好。"

如何应对他人的指责？

虽然我们无法控制别人，让其"停止指责"，但还是有一些原则可以应对。

原则一，面对爱指责的人，能避开就尽量避开，无法避开维持最基本的互动就好。例如简单的问候、职场上的基本互动。

原则二，不要期待对方会改变。那或许是他习惯的表达模式，他对许多人都是如此，所以他的指责也未必只是针对你。期待对方改变，只会让你更失望。

原则三，即使对方指责你，也不代表你只能被动接受。如果你很重视这段关系，可以采取一些应对的方式。第一种方式是让对方知道你必须暂时离开现场，等待彼此情绪都比较稳定之后再来讨论；第二种方式是使用"我讯息"（请参考第八章）的应对方式：同理对方的情绪，也让对方理解你的感受，并且让对方知道除了指责之外，你比较期待他用哪些方式与你沟通。

有时候，在讲座中还是会有人继续追问："你不是当事人，说得倒是轻松。换成是你，或许也会指责对方！"

是啊，我同意。

就因为我不在情境里，所以才能用"理性"的态度来应对这种情况，而这一份"理性"，正是我们在面对冲突的时候最需要的资源。

我常常觉得，指责、发脾气，都是情绪表达的方式之一。可是，如果你表达了某些情绪之后，却得花更多的力气去处理这些情绪造成的伤害与麻烦，那么，何不练习提升"理性"，避免制造这些不必要的麻烦呢？

✍ 练习

1. 为什么指责不算是沟通？

2. 当你想要指责别人之前，哪四个问题，可以作为提醒自己的参考？

3. 本章提到想要妥善面对他人的指责，你有三种原则、两种方式可以使用，你知道是哪些吗？

十九、面对看不顺眼的人，该怎么办？

——理解，让充满偏见的高墙倒下

在职场、学校或者其他生活情境里，你、我多少都会有不喜欢的人。

你对他的讨厌可能轻至偶尔的观念不同，也可能强烈到排斥和他共处一室，甚至不想和他呼吸同一个空间里的空气。你或许不太清楚自己为什么这么讨厌他，也不知道怎样才能减少与他互动时的不适。

若是没什么往来需求的人就算了，如果因为某些因素而必须频繁互动，那怎样才能减少对他的负面情绪呢？

如何回应？心理师这么说——

"我们"和"他们"：偏见的起源

电影《绿皮书》里，钢琴大师唐纳·谢尔利经常受到不公平的对待，在大雨滂沱的夜里，他悲愤地说："如果我不够黑、不够白，甚至不够男人，那你告诉我，我到底算什么？"现实生活中，只要不符合多数人认为的"正常"，就理所当然地要被歧视、攻击、边缘化。

人类是群居性的生物，为求生存，我们必须寻找能够合作的人，通过找到彼此之间的共同之处，形成互相信任的群体。久而久之，这群人所相信、重视的事情，就会变成这个团体的信仰。渐渐地，大多数人共同相信的事情，就变成了所谓的"真理"。

信奉这些真理与价值观的人，就叫作"我们"；相对地，对这些真理抱持怀疑态度，和大部分人习惯的行为举止不同的人，就被称为"他们"。

"我们"与"他们"是一种粗糙而狭隘的分类方式。我们是教师，他们是家长；我们是好学生，他们是差生；我们是虔诚有智慧的教徒，他们是迷信的笨蛋；我们是异性恋、他们是同性恋……

网络上有一段丹麦国营电视台拍摄的公益短片，讲述了人们如何通过贴标签的方式，简单粗暴地将人进行分类，因而造成了人与人之间的隔阂。

"我们"制造了一个坚不可破的同温层，误以为在同温层里的所见所闻就是全部的真理。"我们"也关起门来，拒绝接触他人，甚至抨击另一群人，认为非我族类的"他们"都是错的，是该被改变的，不然就要把他们排除在外。

这种"与我们不同，就等于不好、有问题、需要被改变"的概念，本身就是一种偏见。

觉察自己的刻板印象

"偏见"是指我们对某些特定对象所持有的一种消极否定的情绪，而组成偏见的成分之一，则是许多具有"刻板印象"的想法。刻板印象有两种极具破坏性的因素："过度简化"与"缺乏弹性"。

"过度简化"是指我们借由贫乏的讯息，未经审慎评估，就对人或事做出某种因果关系的推论。这种推论往往掺杂大量的主观价值与意识，却未必贴近客观事实。

例如：支持某些议题的人，都是道貌岸然的假知识分子；去国外设厂的人，都是爱钱不爱国的奸商；学历低的人都没知识……这些非黑即白的结论，都是过度简化的推论，因为在二元对立的答案之外，肯定还有许多值得关注的细节。

"缺乏弹性"则是指，一旦我们对某些人、事形成推论后，就找不到转圜的余地，失去看见其他可能性的能力。即使对方大部分的表现都与你对他的刻板印象不同，但是因为你被自己的刻板印象局限住了，因此无法客观地对他形成更全面的认识。

有一个简单的方式，可以看出你有哪些刻板印象。

请你留意自己是否有这种状况：针对同一件事、同样的行为举止，由A来表达，你不觉得有什么不妥，也会为他找出许多正向的理由将言行合理化；但如果发生在B身上，你就会用负向的观点解读，觉得他一定是图谋不轨、心怀鬼胎，并且拒绝接受其他观点与可能性。

如果有这种现象，我向你保证，你对B肯定持有负面的刻板印象。

听听对方的故事吧

想要降低与特定对象互动时的不舒服感，就得先减少对他的负面情绪。如果你找不到任何方式降低对他的负面观感，那么，最有效的方式就是去"听"他的故事。

有时候，我们莫名其妙讨厌一个人，很可能只是因为对方"不符合我们认同的某些价值观，不符合我们对某些行为表现的期待"。

可是我们并不清楚："为何这个人的行为、价值观、态度与我们不同？""何以他会有这些价值观与行为？"换言之，我们只看到他的表面，却不了解他的成长背景与生命脉络。

如果你理解他在家里总是被忽视，或许就不会这么讨厌他在课上抢着说话；如果你理解他总是有一餐没一餐，就不会讨厌他在下午茶时间总是争先恐后；如果你理解他从小就经常被大人拿来比较，就不会讨厌他为何样样都想得第一；如果你理解他从小在极度严格的家庭环境中长大，就不会讨厌他为什么很少与你们一起夜游狂欢。

你变得不那么讨厌对方，并不是因为对方改变了什么，而是你理解了他的生命脉络。因为理解，你改变了对他的刻板印象与偏见，连带地也减少了对他的负面情绪。

所以当你想改变对某个人的负面观感时，不妨多听、多理解他的故事。

我们看见的，只是部分的景色

站在不同角度观看地球仪，看到的国家都不一样。

听到同一句话，有些人会被惹怒，有些人完全不在意，有些人微笑以对。虽然外在的人事物会引起我们的情绪波动，但真正决定我们情绪的，是我们看待事物的观点。

这一套观点从我们还很小的时候，甚至还没学会说话、写字之时，就通过与父母、手足、邻居的互动过程，像是盖房子那样一砖一瓦地堆砌了起来。

你的眼光会集中在你在意、重视、偏好的事件上，你"看到"的是你所关注的焦点，但你关注的景象并不代表事情的全貌。就像在地球仪的后方，还有许许多多的国家，你之所以看不到，是由你站立的位置所致，而不是它们不存在。

试着移动脚步，就能够看见不同的风景。

不求相亲相爱，但求彼此尊重

小时候，如果你曾和同学打架，很可能曾被老师叫到办公室，然后和对方面对面互相道歉、握手言和（更恶心的是互相拥抱，向对方说我爱你）。孩子之所以照着做，通常只是因为害怕被处罚，卖老师面子而已。

我不认为人与人一定要相亲相爱。

有时候，我们因为生活经验相去甚远，导致彼此价值观差距很大。有些人，你就是打从心里不喜欢他的言行，也无法真心欣赏彼此的差异之处。那么，硬要自己去和对方热络地互动，表现得亲善友好，实际上却痛苦得要死，那又是何苦呢？

一味追求看似亲善的人际关系，付出的代价就是压抑自己真实的情绪感受，也因为你不是发自内心真的想和对方亲近，所以这种亲善是很不真诚的。

人与人之间本来就有差异存在，我们或许不喜欢对方某些行为或特质，但相互理解，可以帮助我们学习尊重彼此的差异。

✐ **练习**

1. 为什么想要减少对一个人的厌恶，要先去听他的生命故事、去理解他？

2. 你有你的"同温层"吗？你的同温层里的朋友，有哪些特质呢？

3. 你如何"移动"脚步，帮助自己走出同温层，对生活在周遭的人事物，有更多的关注与理解？

二十、面对总是"摆臭脸"的人，该怎么办？

——觉察自己的恐惧才能减少坏心情

几年前，曾经有一对母子来找我谈话。

母亲摊开几张孩子的画，说她觉得孩子很压抑、缺乏自信，希望我通过图画，了解孩子的心理问题。

我看了一下画的内容，再看向一旁那位就读小学三年级，低着头不发一语的小男孩，试探性地问："如果有时候觉得自己画错了，或者画得不好，你会有什么心情？"

结果小男孩还没回应，母亲就大声回道："'画错'？绘画没有对或错，我跟我的孩子说认真画就对了，不要去管好坏对错！"然后脸上挂满了"这年头怎么还会有人认为画画有对错之分"的质疑。

母亲说得没有错，"创作"本身并没有对错、好坏之分。但是别忘了，每一个人都有权利对自己的表现结果产生一些想法与感受。

孩子觉得自己画错了，所以觉得挫败、失望，这些情绪可能来自对自己的期待，也可能是想要满足家人对他的期待。无论如何，这些感受是很真实的。

可是母亲却因为被"绘画没有对错之分"的价值观局限住，因而否定了孩子的想法与感受，不允许孩子重画，结果孩子因此更困惑、更受挫。

在生活中，有一些人总是摆着一张臭脸，头上好像笼罩着一团乌云，说话也很冲，每次当你想到要与他互动时就很痛苦。

因为痛苦，我们总想要改变对方，或者避免与他互动。可是我们似乎没有想过，是什么因素框住了我们，以至于我们经常被困在"害怕别人臭脸"的情绪里。

其中的关键因素，很可能是我们文化中强调的"以和为贵"：要有礼貌、说话要客气、待人要亲切、和气才能生财……

"以和为贵"固然是经营人际关系很正向的概念，但如果过于僵化、缺乏弹性，我们就有可能被这样的概念套牢，根深蒂固地认为扑克脸、面瘫（形容没有表情）的人、摆臭脸的人，一定是缺乏人际互动的意愿，不懂得与人相处的道理，甚至是不明理、难沟通的。

这些假设本身就是一种有色眼镜。当你戴着这种有色眼镜，打从心底认为对方很多事、很难相处，你又怎么会放松地与他互动，欣赏他的其他面向呢？

所以，如果想要减少和"臭脸人"互动时的负面情绪，该怎么做呢？

如何回应？心理师这么说——

你为何如此害怕看别人的脸色？

如果你很害怕看别人的脸色，往往也代表着你很在意自己在别人眼中的样子。

之所以这样，是因为我们太习惯从他人身上获得认同，所以我们经常把评价自己的权力拱手让给他人。别人开心、称赞你、对你笑脸相迎，你就觉得自己表现得好，觉得很高兴。

看见别人摆臭脸，你就觉得很痛苦，感受不到自己的价值感。为了缓解心里的不舒服，你就会想方设法，甚至不惜放低身段去讨好对方。

或许你的努力可以换来对方一时的好脸色，不舒服的感觉也能缓解一些，但那只是暂时的。正因为你经常用委屈自己的方式来讨好别人，其实心里并不好受，所以你对这段关系，可能累积了许多抱怨。

用这种方式生活的你，当然会因为别人的坏脸色、坏语气而感到痛苦。只要看到别人的坏脸色，你就自动提醒自己：我是一个不好的人。所以在有些人面前，你很难获得正向的价值感。

不切实际的担心

有些人与"臭脸人"互动时会担心：是不是自己哪里做得不好？做错了什么？对方是不是针对我？虽然担心，可是却不敢问。因为你又担心对方会觉得你反应过度，或者担心对方真的说出一串你的缺点，那样一来，你又担心自己觉得难堪、难以承受……

这些没完没了的担心，往往来自童年时期与父母或老师互动的经验。

小时候，大人因为不满意你的表现，所以对你生气、冷漠，抛下你，转身离开，你因而感到慌张害怕、自责愧疚。那时候的你不敢对大人生气，只好忍耐、压抑，并且努力表现出符合大人期待的行为。但是你只学会了压抑与委屈，却没有学会如何表达情绪、如何与对方沟通。

如果你觉得自己并没有做错什么，也很想知道对方到底怎么了，那么就鼓起勇气，直截了当地问对方吧。

"我发现每次拿东西给你的时候，你的脸色都不是很好看，怎么了？是不是我哪里做得不太好？"

"几次跟你讨论事情，你的语气都不是很温和，是不是我有哪里没有弄清楚？还是我误会了什么？"

当你这么问的时候，也是在提醒对方。对方可能认为他一直都是这样，并不是针对你，也可能他并没有发现自己的行为有什么问题，更没有伤害你的意思。

对方也可能选择不说或者否认，但至少你把自己的感受说出来了，不会继续闷在心里；当然，对方也可能真的说出一些对你的负面看法，那样更好。你们有机会好好澄清，进而调整彼此的互动模式，改善关系。

破除"必须"的信念

人为什么不能摆臭脸？为什么摆臭脸就等于没礼貌、难相处？

说得更直接一点：为什么对方一定要对你展现友善的姿态？如果他真的不太开心、压力很大，难道没有表达负面情绪的权利？如果他从小就习惯用这样的姿态与人互动，为什么他得为了你改变？

你认为人际互动有一些"必须"遵从的概念，但对方偏偏不吃这一套，所以困住你的其实不是对方的臭脸，而是你认为"人际互动不该摆臭脸"的信念。这个信念愈强大，你就愈难逃脱和臭脸人互动时的坏心情。

因为你对对方抱持着既定的观点："摆臭脸的人就是没礼貌、难相处。"所以你会用这个假设来解读他的所有行为。实际上他也可能有微笑、幽默的一面，但因为这些面向不符合你对他的假设，所以你可能会忽略或者用扭曲的方式来解读："他这是皮笑肉不笑，他笑是为了拍马屁……"

因为你讨厌他，所以用负面的态度与之相处，他感受到你的负面态度以后，也继续对你展现臭脸的姿态。这下子，你更坚信自己的假设："看吧！他真的很不友善！"

依照不同关系，采取不同因应

我们都害怕直接询问对方，因为担心气氛会尴尬。但是事情不弄清楚，你每天与他互动时都提心吊胆地，难道会比较好过吗？

"问"不一定会搞僵气氛，重点是要找到合适的时机、合适的词语，才不会让彼此尴尬。

如果你珍惜这段关系，希望改善你们的互动，"试着表达自己，也关心对方"的冒险，很值得你鼓起勇气试试看。

如果这一段关系仅止于工作上的互动，那你可以选择维持面上的和平，并且提醒自己："为了顾全工作，平常心看待那张臭脸就好，太认真，一点好处都没有。"如果只是普通朋友或者网友，那你大可以选择不看他的臭脸，屏蔽或删除就是了。

采取新的因应策略

人际互动守则第一条：改变，从自己开始。

或许你改变了身边某一个臭脸人，但只要你看待自己的观点没有改变，你依旧很容易被别人的一个眼神、一个语气影响。

世界何其大？你改变得了多少人？

我们永远无法决定对方如何对待我们，但是我们可以选择响应对方的方式。改变不了对方，那就调整自己的因应策略，才能让自己过得比较舒服。

这里有五个小提示，供读者参考：

1. 不要在情绪紧绷、气氛紧张的时候与对方互动（还记得"情绪水缸"吗?）。

2. 互动前，先想好要说的话，避免因为负面情绪搅乱了原定的沟通计划。

3. 互动前先提醒自己：解决事情才是重点，不必在意他的脸色。

4. 互动后也提醒自己：摆臭脸是他的习惯，跟你的表现或许并不相关。

5. 尊重每一个人都有表达情绪的方式，但你可以选择不使他散发出来的情绪进入自己心里。

这么做，不是因为你害怕对方、向对方示弱，或者委屈自己。你只是开始练习新的心态和行动，避免因为对方的坏脸色、坏语气，影响了心情。

✑ 练习

1. 别人的坏脸色、坏语气，之所以让我们不舒服，除了感到不被尊重，还有什么原因？

2. 如果可以将身边的每一段关系稍做分类，有没有哪几个对象摆臭脸时，你其实根本不需要花太多心思去在意？

3. 这一章提到了与臭脸人互动的五个小提示，你能说出分别是什么吗？

二十一、面对"油盐不进"的人，该怎么办？

——从"心"着手，让你的建议更容易被接受

办公室里，六年级乙班的老师阿忠焦躁地拿起电话听筒、放下、拿起、又放下……隔壁的老师忍不住问："阿忠，你是在做复健，还是在进行什么仪式？"

阿忠叹气："等一下我们班小智的爸妈要来找我，听教导主任说他们很难搞，要我多保重……"

怎料"小智的爸妈"五个字才刚说出口，整间办公室瞬间像是被雷击中，所有人面面相觑。

"他们真的很难搞。"小智三年级时的老师说，"有一次，我好心分享教养技巧，他们却呛我：'你那么会教，不如你带回去教。'"

小智四年级时的老师则说："他们来学校的目的，大概就

是拿老师出气吧？除了谩骂以外，根本不想沟通。"

"跟他们谈话简直是浪费生命、浪费口水……"小智五年级时的老师说。

听完这些惨痛的经验，阿忠看向还没发难的另一位老师，他是小智低年级时的老师。他眼神空洞地说："不要问我，我不想回想起那段日子……"

阿忠千思百想，就是想不通："小智明明就有状况，家长三天两头就得来学校收烂摊子，他们难道不累吗？为什么不愿意接受老师们的建议？""是家长太固执？还是老师的沟通方式有问题？""如何谈话比较有效？"眼看着约定时间愈来愈近，内心的焦虑指数也快要爆表……

如何回应？心理师这么说——

想要帮老师阿忠的忙，我们得先思考一个普遍的现象："为何人们总是难以接受别人的建议？"

为了避免"认知失调"

社会心理学家费斯汀格（Festinger，1957 年提出）发现，当人们接收到的讯息与他对自己的看法不符时，就会产生不舒服的感受，他将这一现象称为"认知失调"。也就是当别人对你的看法、评价，或者事情发展的结果与你对自己的期待、投入的努力有落差时，内心会产生怀疑、困惑、不舒服，甚至是生气的感受。

举例来说，人们通常认为自己是讲道理的，因此如果有人抨击你蛮横、刁钻，你很可能会觉得困惑或者生气。因为这些讯息撼动了你的自我形象："难道我过往对自己的认识是错的？"

如果你觉得自己很聪明，擅长理财，结果有个人举出许多实例证明你浪费了不必要的金钱与时间，投资回报率还低得可笑，你会觉得很不舒服，甚至极力否认。因为若你同意他的说法，那就代表你的理财之道根本不如自以为的那样高明。

借由认知失调理论，我们可以试着从对方的角度理解："如果家长一开始就认为你的方式都是对的，是否也等于承认他们的方式都是错的，他们不是称职的父母？孩子的问题行为，也是因为他们的失职而起？"

或许你还是会这样想："就是因为他们教养失败，孩子才会问题重重。""你看看他们那种对老师讲话的德行，孩子态度会好才怪！"

我无法反驳这种说法，毕竟家长的身教与言教的确影响孩子甚广。但别忘了我们眼前有一个更重要的目标：取得父母的信任与合作，联手改善学生的问题。所以，请把这些抗议放在心里，或者留在众声喧哗的办公室就好。

进入谈话的现场，我们需要另一套更有效的"谈判"技巧。

"给予建议"的四步骤

1. 暖化心墙：让对方感受到被理解

想取得合作，"建立温暖与正向的关系"绝对是首要之举，尤其是与你立场不同的对象。与其急着说教，否定对方，倒不如先通过同理，让对方感受到你理解他的付出与苦心，这么一来也会软化对方的敌意和戒备。简而言之，想说服他人，就要先让对方感受到你理解并支持他。

这个阶段的困难在于，当你已经为对方的行为贴上负面标签时，心里就很难再腾出一些空间，用比较客观的态度来看待、理解对方的行为。

2. 给予支持：肯定对方曾经付出的努力

我们经常以为对方什么都没做，或者做的事都是荒谬的、无效的，但是这种想法或许并不正确。

我深信，为了解决问题，人们一定都做了某些努力，只是这些努力可能不被社会大众所认同，或者努力的程度还不足以让成果显现出来。

如果按照步骤 1、2 去做，发自内心地想要鼓励对方，一般而言，对方的情绪与防卫多少会软化一些，但有时步骤 1、2 需要重复运用多次，才能让对方生出合作的意愿。

3. 正视问题：引导对方，探索行动的成效

我们要引导对方检视："你所坚持的想法与行为，是否有助于解决问题？"

我们要陪伴对方探索：他的想法和策略，对于解决问题的成效如何？有效的方法值得保留下来，继续使用，也鼓励他停止无效行动，并且尝试采取新的策略。

在这个阶段，重点是引导对方正视自己的想法与策略，看清对问题的解决带来哪些影响，而不是去评价、指责对方。即使一个人的行动无法解决问题，也不代表他没有付出。

如果对方发现他的想法或行为真的无助于解决问题，自始至终，你不但没有责备他，还真诚地同理他的辛苦和挫折，在这种氛围下，对方也很难有理由持续对你恶言相向。

4. 同心协力：提供具体可行的策略

终于来到给建议的阶段了。在此阶段，我们要耐住性子，重复第一个步骤：肯定对方正向的意图，并且表达我们与他一致的目的。接下来向对方说明，为了达成这个目的，你也有一些策略，想请他听听看，做个参考。

在说出建议之前，我用"听听看"与"参考"尝试放低我的身段，目的不只是要他接受我的建议，而是让他减少被批判、被指责的感受，也让他觉得自己有权利决定是否接受别人的建议。

	1. 暖化心墙	2. 给予支持	3. 正视问题	4. 同心协力
情境一：管教过当的家长	我知道你都是为了孩子好。	你曾经试过好几种方式来教孩子，甚至多次请假来学校帮孩子处理事情。	当你打他、丢掉他的东西时，孩子变成你期待的样子了吗？	我们都是为了孩子好，才在这里讨论的。我这里有一些教养青少年的方法，你或许可以参考看看……
情境二：充满控制欲的伴侣	你真的很爱你的另一半。	你一直都这么为对方着想、为对方付出。	你直接做了决定后，注意到他的反应了吗？你们的关系因此变得更亲密，还是引起了更多冲突？	我们都是为了让你们的关系更好，才会在这里讨论。关于亲密关系的经营，我知道一些技巧，你愿意听听看吗？
情境三：有暴力行为的家长	要扛起一个家真的很不容易。	为了这个家，你牺牲了许多自己的喜好与愿望，也一直在努力压抑情绪。	可是忍耐久了，情绪就会爆发。当你情绪爆发以后，你觉得家人能因此感受到你原本的努力以及想带给他们的幸福感吗？	我们都爱家人，但有时候不把自己的情绪、心里话说出来，家人可能无法理解我们。我试过一些方法让家人更了解我们，效果还不错，你愿意听听看吗？

如非得已，不轻易给建议

如果你能理解认知失调论，就知道为什么人们不喜欢接受建议。

因为当一个人接受建议时，代表承认自己是不够好的、能力不足的。所以，除非对方表达想要改变的意愿，甚至主动要求你分享意见与经验，这时候给予适当的建议，效果才会比较明显。

　　因此，若你的目的是想鼓励对方，让对方生出自信与勇气，"给建议"绝对不是一个好方法。因为这等于告诉他："你是无知的、无能的，听我的就对了。"如果你的角色拥有相对强势的权力（例如主管、父母、老师），而你又运用这种权力让对方不得不遵从你的建议，会对他的自信心带来更大的伤害。

　　因为，你的善意可能会让对方觉得："我真的很没用，连反驳都不敢。"

尊重对方的意愿

　　这一章的技巧，称得上是本书最困难的练习。想要软化一个人的防卫与抗拒，接受自己的不足，并且听进你的劝告，是一个非常不容易的任务。

　　无论你认为自己的建议多么真切诚恳、完美无瑕，都请记得：你可以决定要不要给建议，别人也有权利选择是否接受。如果你给出建议，也请尊重对方的反应，避免斥责对方不接受你的好意。

　　经营人际关系是一段长期的过程，即使对方没有接受你的建议，但你在这个过程中，表达出了愿意理解对方的善意，虽然给出建议，但也尊重对方的选择，这会让他在跟你互动的过程中感受到自己是有价值、被尊重的。而这些正向的感受，都会让对方更愿意靠近你，提升与你合作的意愿。

　　从短期效果来看，他或许没有立刻接受你的建议，但从长

期效果来看，你们将会逐渐建立起信任的氛围。而这种氛围，
才能让人愿意真心接受你的想法，与你合作。

✎ 练习

1. 为什么人们不太容易接受别人给的建议？

2. 一位初中二年级的学生，每天都认真做数学习题，但
月考经常不及格。他自己很受挫，身为父母的你，请使用本章
的技巧，将答案填入格子里。

3. 一位新进员工花了好多时间和精力整理交接事项，却
总是无法弄清楚业务内容。身为过来人的你，深谙这种辛苦，
想要出手相助。请使用本章的技巧，将答案填入格子里。

1. 暖化心墙	2. 给予支持	3. 正视问题	4. 同心协力
→	→	→	

二十二、面对"爱批评"的人，该怎么办？

——打造合适的网，过滤无谓的批评

如果"鼓励"是陪伴他人走向光明的力量，那么"批评"往往是把人推入黑暗的行为。

你或许会质疑："被人批评，才知道自己哪里做得不好、哪里需要改进，不是吗？"

在我们的文化环境中长大，会有这样的想法，也是难免的。

不过，请你仔细回想：有哪一次被批评的经验是美好且值得怀念的？是当你考试成绩不如预期被批评的时候？是当你被同事或朋友欺负，回家又被家人冷嘲热讽的时候？还是当你努力学习一样新的东西，却经常被挑三拣四的时候？

"这一盆花是谁插的？配色好像单调了一些。"

"谢谢你帮我倒水，不过怎么没有倒热一点的呢？

"你写的文章有点负能量，应该积极向上一点。"

"愿意主动帮忙洗碗是好事，但最好能够持之以恒。"

"你对别人这么友善，怎么不分一点耐心给家人？"

"你最近厨艺是有改善，但我觉得你还有进步空间。"

"你姐姐成绩不错，你若有她一半认真就好了。"

你的周遭有没有这种人？他的批评，就像海浪那样一波一波，从不间断。

若是平辈也就算了，如果对方是长辈或领导，一旦你出言反驳，对方很可能会顺便训话："我都是为了你好，才会苦口婆心地教你。"说完还不忘翻个白眼，再补一枪："你们这些年轻人，要懂得虚心接受长辈的建议。"

听到这里，你感觉到肠胃开始翻搅，一股怒气逐渐升起。

为了避免冲突，你刻意深呼吸，握紧的拳头摆在背后，用力按捺住蠢蠢欲动的愤怒。没想到对方还不放过你："这样说不得了吗？就是为你好，我才会提醒你。""换作别人，我还懒得理他呢！"

面对连珠炮似的批评，即使你的表面故作镇定，内心的火山大概也已经喷发到难以收拾的地步了。

批评就是批评，是一种不折不扣的伤害。过往那种"打是情，骂是爱""批评你是因为爱你"的言论，说穿了，只是包裹着糖衣的攻击而已。

如何回应？心理师这么说——

批评为何令人抓狂？

喜欢批评的人，视线所及之处，皆是负面事物。

因为他戴了一副"专门找问题"的眼镜，以至于映入他眼帘的人、事、物，通通都"有问题"。

想想看，无论你做什么（甚至什么都没做）都被看成是有问题的，一定会觉得很受挫、很气馁，久而久之，就会很害怕与这种人相处，因为在他们身边，你永远觉得自己是一个没有用、没价值的人。到后来，只要看到他远远走过来，你可能就想要赶紧闪人。

如果你发现自己身上也有这种惯性批评别人的倾向，而且又想脱离边缘人的角色，那么请务必要努力调整这种对人际关系充满伤害的行为。

如果你很害怕面对别人的批评，请放心，接下来，我们就来谈谈如何面对爱批评的人。

因为在意，所以受伤

批评本身就是一种攻击，即使那些批评者内心真的存有一些好意或关心，但批评他人的行为依旧会造成伤害。

即使知道这种行为是不对的，为何我们还是觉得受伤？因为我们很在乎自己在他人眼中的样子，也就是我们很在意"别人如何看待我们"。

人们对自己的认识主要来自两种途径。

在生命早期，认知能力还不够成熟时，我们通过同伴、长辈的评语来认识自己；渐渐长大以后，通过内在的觉察、省思，我们也会产生对自己的看法。经过长时间的累积，我们借由这两种渠道逐渐建构出对自己的认识与评价。

正因为"别人的评语"是认识自己的主要来源之一，加上我们又生活在讲求团体群居的社会中，所以真的很难不去在意别人的眼光。适度参考别人的说法是有必要的，可以帮助自己了解别人看待我们的观点，有时候，也能适时修正一些不适当的行为与态度。

可是，如果我们全然凭借着他人的评价来看待自己，就等于把评价自我的权利全盘交托到他人手上。

试想：你是不是够努力、够勇敢、够体贴、够热心……都是由别人说了算，这也太没道理了吧！

量身打造合适的过滤网

孔隙太大的网捕不到鱼，会让你饿肚子；孔隙太小的网，又可能把小小的鱼、虾捕捞一空，破坏生态平衡。面对他人的批评，也是如此：完全充耳不闻，很可能会错失一些调整自己的良机；但一字不漏地全都听进去，则会造成心理负担。为了自己的健康，我们必须打造一张孔隙适中的网，用来筛选他人的评价。

　　这意味着你不能被动地，天真地期待别人从毒舌变成甜嘴。你必须主动学习为自己做两件事：一是练习评估他人的批评，二是觉察自己因应他人批评的模式。

　　重新评估来自他人的批评

　　无论对方是否是情绪化的人、有没有故意针对你，那都是对方的事情，你无须为他找借口，也不用去评估他的状态。你只需要为自己筛选：这个批评，我需要认真看待吗？有没有值得自己思考、反省的部分？

　　要怎么练习这种功力呢？让我们用听流行歌曲的经验来作比喻。

　　一个人在批评他人的时候，脸上的表情、语气、肢体动作，都像旋律；而他说话的音量，则是播放音乐的音量；至于批评的内容，像是歌词。虽然歌词很重要，但旋律和音量也都是影响听众情绪和感受的重要元素。

　　所以，如果你想评估某些批评对你是否有值得反思的价值，请试着用以下的步骤练习：

　　1. 写下来：写在纸上，尽可能还原对方说过的内容，不要添加你自己的情绪和用词。

　　2. 删除：删除那些难听的、污蔑性的、充满人身攻击的字眼。

　　3. 检视重点：在剩下的内容里，有没有的确是你没做好的部分？有没有你需要调整的部分？

　　4. 调整或抛弃：如果有值得调整的部分，就想办法去调整；如果没有，那就把这张纸揉成一团丢掉，或者找一个安全的地方烧掉也行。

这个练习有两个目的：第一，帮助自己更客观地看待他人的批评，因为他人的表情、语气、音调、音量、肢体动作，都会影响我们的情绪，让我们无法客观撷取话语里的重点。书写能帮我们重新找回内容，同时又能将事件调成静音，减少内心的不适。

第二，是心理学提到的"减敏感"：同一款美食吃久了，新鲜感会下降；同一件事情经历几次，情绪的起伏也会减少一些。通过重复接触同一件事情，减少这件事情给你带来的情绪强度。经常做这个练习，你就能更加理性地面对原本会引发你负面情绪的批评，降低情绪失控的概率。

持续练习，内心更坚韧

刚开始做这个练习，对许多人而言，可能是充满挑战的。

倒不是因为练习本身很困难，而是因为要去回顾令自己不太舒服的情境，往往会让人想要打退堂鼓，但你既然想要有所改变，就请鼓起勇气，练习看看！

在练习的过程中，你将会逐渐降低批评带来的恐惧和不适。不舒服的感觉难免还是会有，但不至于像以往那样造成太大的冲击。这就像是你第一次看某部鬼片时会觉得很可怕，但如果多看几次，害怕的感觉肯定会降低许多。

其次，通过认知层次的筛选练习，当你将来面对别人的批评时，比较能够筛选掉那些不必要的情绪字眼，加速判断当中有没有需要接收的部分。

如果有，就试着调整；如果没有，那就当成耳旁风吧。

觉察自己对批评的因应模式

读到这里，相信你一定很清楚我的风格了：不需要为别人的行为找借口，也不要期待别人先改变。纵使有些人习惯说话时夹杂批评，我们还是得把力气放回自己身上。

情绪与感受来得很快，往往事件才发生，脑袋还来不及运转，你就会感到害怕、气愤、担心，等等。所以，如果想要降低被批评影响的情绪，我们就得回到认知的层次，问问自己：是什么让我们对别人的批评如此在意？我们看待批评的态度，如何影响了我们的情绪？

如果你总是很在意自己不完美的样子，在意别人对你的看法，请参考本书第三章《"喜欢自己"是摆脱边缘人生的第一步》，帮助自己跳离这种困境。

如果面对批评，你总是不知道该如何适当地响应，请参考下一章《面对爱"聊八卦"的人，该怎么办？》里的回应策略。

📝 **练习**

1. 为何批评令人抓狂？令人受伤？

2. 面对批评，你可以往哪两个方向练习？

3. 这里有几句批评的语言，请依照本章提到的四个步骤，进行评估与筛选。这里没有标准答案，你可以依据自己的观点来回答，甚至也可以针对"范例"，举出不同的响应方式：

	1. 写下来	2. 删除无谓的谩骂	3. 检视重点	4. 调整或抛弃
范例	已经检查了几万遍，结果还有错字！你是猪吗？笨死了！	几万遍、猪、笨死了。	有些细节重复检视后，还是出错。	确认最近的工作状态，提醒自己多注意细节。
范例	三岁的孩子随便做都比你做得好吃，你做饭难吃死了。	随便做、难吃死了。	食材有无变质？调味有无失常？个人口味不同？	1. 注意食材新鲜度。3. 小心调味。3. 听听就算了。
1.	都毕业几年了？还找不到稳定的工作？真没用。			
2.	别人学一次就考满分，你都补习了，结果考这种分数？			
3.	就因为你是榆木脑袋，又固执、又不听我说话，孩子才会发生这种事！			
4.	什么？你都几岁了？怎么还用这种幼稚的语气跟你爸妈说话？			

二十三、面对爱"聊八卦"的人，
该怎么办？

——不卑不亢，助你全身而退

已经有好一段时间，一踏进办公室，阿宏就充满压力。

压力来源不是工作内容或薪资待遇，更不是职场霸凌。事实上，阿宏的人缘还不错，与同事也都能和睦相处，让他觉得不舒服的，是办公室里经常聊同事之间的八卦。

他从小就不善应对人际之间隐晦的互动，也不喜欢道人长短，所以总是拒绝加入说坏话、聊八卦的行列。同学们在背后给他取了一个"假道学"的绰号，讽刺他"自命清高"，并且纷纷疏远他。

好不容易撑过求学生涯，没想到进入职场之后，"八卦"依旧无所不在。

"虽然很痛苦，但总不能一直这样下去吧？"阿宏心想。为了避免重蹈求学阶段的人际惨况，他下定决心调整自己的风格。

有一次，几位同事又在他桌边聊主管的八卦："你知道吗？我们主管和太太已经分房了……""不是才新婚没多久？怎么会这样？""听说主管跟他前女友藕断丝连，他老婆好像都知情，但碍于面子……"

"阿宏，身为一个男人，你觉得这种行为能够被原谅吗？"同事小惠突然转头问，同事都纷纷看向阿宏。

对于这种不擅长面对的情境，已经下定决心要"改变"的阿宏，振振有词道："我觉得男人应该要爱妻顾家，既然有了家庭，就必须洁身自爱，不要在外面拈花惹草。"

大概是没料到阿宏会说出这些话，同事们听了，纷纷发出惊呼，像是欢迎又一名生力军加入行列。阿宏松了一口气，觉得同事的反应让他体验到不同于以往那种被他人排挤的感受。

几天后的某个早上，主管脸色凝重地走进办公室，把手机往阿宏桌上重重一摔，大声质问："你什么意思？"阿宏诧异地看着手机屏幕，那是短信对话截图，上面写着："阿宏说，身为一个堂堂的男人，到处拈花惹草真是低级，这种人竟然也配当主管？"

看着手机画面，阿宏羞愧得无地自容，根本不敢抬头看主管。他感到一阵晕眩：多年来尽量避免与人谈八卦，就是怕被卷入这种无谓的纷争里，没想到为了拉近人际关系才说的那些话，竟然被传了出去，而且还被加油添醋、扭曲变形……

主管转身离去后，阿宏在座位上愣了好久，内心既羞愧又后悔。前几天那些围在桌边聊八卦的同事，此时似乎也离他远远的……

如何回应？心理师这么说——

为何人们喜欢聊八卦？

前面提过，人们在刚认识、不熟悉的时候，为了避免尴尬，会通过封闭式问句来问对方一些简单的问题，借以打破沉默，建立人际关系。而聊八卦，也有类似缓和气氛、活跃氛围的效果。为什么呢？

"谈话"是人际交往中的主要互动方式之一，谈话需要素材（也就是话题），如果关系不够熟，话题聚焦在自己或对方身上都有些尴尬，所以比较轻松的话题就是聊别人。当然，即使是聊别人，也未必要聊隐私或暧昧的话题，但是当人们提及这一类八卦话题时，通常情绪上会比较紧张、兴奋，比聊一些正经事来得有趣；而且当对方愿意接住你的八卦话题，与你一起讨论时，你会感觉到自己被接纳，从而建立起一种信任感。

但是，这种"信任"是很脆弱的。

虽然聊八卦、谈是非，有时候令人觉得放松（也很疗愈），但如果你们的关系仅止于聊这些事情，有一天当旧话题聊完，新话题还来不及更新，你就会感觉到彼此的关系其实很空洞。

因为你们从未好好地关心对方、理解彼此，你们的焦点都在别人身上，互动也充满负向的批评和嘲讽，而这也意味着你们一直都没有建立起真正信任、关怀的关系。

聊八卦的人，都是大嘴巴吗？

你以为所有爱聊八卦的人都是品德不佳、喜欢中伤他人的人吗？事实未必如此。

团体互动中经常会出现"从众"（conformity）现象，意思是在一个团体里，个人会因为他人的影响（无论这个影响是真实的或主观想象的）而改变自己的行为。

如果你仔细观察，就会发现有一阵子青少年们的长裤像是集体缩水了；有一阵子，年轻人头发都会染成同一种颜色；有些办公室在下午会集体订饮料；有些人会跟好友买同样款式的衣服、鞋包……

从众现象不只是"人云亦云"——别人做什么，你就跟着做什么，你还得承受着"如果不跟着做，别人会怎么看待你"的压力。基于这种"团体压力"，若身边的人都做同一件事情而你却没有跟着做时，你很可能会感受到他人异样的眼光。

前面提到阿宏因为不加入讨论，被同学贴上"自命清高"的标签，就是如此。有些人因为惧怕团体压力，不自觉地就会表现出团体所期待的行为。

都是套路，别太认真

可别以为同事们真的都是乐在其中。有些人虽然看起来热衷于讨论八卦，事实上他们可能只是"公开顺从"：也就是表面上看起来顺着团体的方向行动，实际上并未真的认同团体的行为，私底下也不见得会再去聊这些八卦。就像你给对方的朋友圈点赞，不代表你真的认同他，很可能只是碍于交情或某些压力所做出的客套表态。

因此，若你太认真参与讨论，难保哪一天会像阿宏一样"公亲变事主"，莫名其妙地从旁观者变成加害者。但是，如果你完全拒绝参与，又可能会让同事觉得你很难接近，与大家格格不入，着实是令人进退两难。

面对同事邀约讨论八卦，其实你可以用简单又有效的应对技巧，避免让自己陷入阿宏的窘境。

态度认真，响应简短

在这里，我们要运用的态度就是前面提到的"公开顺从"。

记得，人际互动最重要的就是态度要认真、诚恳，即使你已经打定主意不蹚这摊浑水，但表面功夫还是得稍微做一下。你只需要"看起来"很认真地聆听，并且偶尔回应类似"喔？是吗？真的吗？嗯嗯、对耶、好像是……"的"发语词"，让别人觉得你在听，也在参与，这样就好。

简单来讲就是：表面上看起来参与团体的行动，事实上，只是被动参与、消极附和，而且你所响应的语言，要尽可能避免涉及对八卦内容的价值判断。

避免表达价值判断

阿宏犯的错误在于对当事者加以评论。

想要避免无谓的误会，就绝对不要在公开场合对八卦话题里的人或事做出是非对错的评断。你当然可以对这些事情有自己的看法与评价，但不要在公开场合表态，减少被误解的机会。

嘴巴长在他人身上，你永远不知道经过各方的传话之后，你的本意会被扭曲成什么样。

避免开启新话题

你无法停止他人聊八卦的行为，但可以选择停止让八卦从你身上继续蔓延。

不要追问八卦的细节，例如："事情后来怎么样了？""还有谁也有类似的八卦？""是否还有其他内幕？"这种行为一方面会让你被误以为是制造八卦的共犯，一方面会让别人觉得你对八卦很好奇、很热衷。

聊八卦或许能让你与别人拥有共同的话题，表面上看，关系好像很熟络，但是说真的，谁喜欢成为你口中那些八卦话题的主角？如果不想成为被你谈论的八卦主角，最保险的方式是什么？

是的，就是远离你。

"不知道"才是最安全的回应

如果同事觉察到你的"敷衍"，决心不放过你，非得要你说些什么，而你在当下也真的找不到什么理由脱身，这时候就得使用"不知道"的装傻技巧了。

正所谓"一个巴掌拍不响"，一个话题能继续，也要有能够聊得来的人才行。当你使用"不知道"的技巧时，传达给对方的讯息是："我有意愿和你们聊天，但对八卦就是聊不来。"

如果对方讲了一大堆，你却总是不知情，久而久之，他们就不会自讨没趣，并且把你从聊八卦的名单里剔除。

这里列出了一些"不知道"的句子，同时也说明这些句子传递给对方的讯息：

"不知道"的回应	传递给对方的讯息
是吗？竟然有这种事？	我连发生这件事情都不知道。
啊？怎么会这样？	我根本不知道事件的内容。
真的？我还是听你说才知道呢。	我完全没接触到这件事。
我不太清楚该说什么才好。	我无法回应这件事情。
我不知道呢，你怎么看？	把回答问题的责任，转回对方的身上。

讨厌聊八卦，不等于要远离聊八卦的人

在八卦的世界里，多讲一句话都是风险。

能简短响应就简短响应，能说不知道就尽可能少发表你的

看法。不过，你不喜欢这类话题，不等于要去讨厌聊这些话题的人。他们只是讨论八卦的人，并不等于是坏人。

你还是可以与他们互动，不必刻意让自己显得好像是某些话题的绝缘体。面对八卦，你无须表现得不发一语、弃如敝屣。你的态度可以是被动参与的，行为则是消极响应的。

面对八卦，最高明的态度是：不是不聊，而是聊不来；表面上看起来似乎有参与，但说的都是无关紧要的话。

✑ 练习

1. 为什么人们喜欢聊八卦？

2. 对八卦的话题太过投入，可能会给你的人际关系带来哪些负面影响？

3. 面对办公室的八卦，可以用哪些技巧应对？

4. 关于"不知道"的回应句子，你还能想到哪些？（搜集愈多愈好）

二十四、面对"爱越界"的人，该怎么办？

——懂得拒绝，才能让自己更自在

有次演讲结束后，我还在讲台整理东西，就读大三的晓芬来到一旁，用细小的声音问："老师，我可以问你一个问题吗？"

"嗯，我有十分钟，如果你觉得时间 OK 的话，请说。"我看了下手表，预估了从学校到高铁站的时间。

"老师，我不太敢拒绝别人，该怎么办？"晓芬的表情充满了困扰。

嗯，这真是个好问题。

"不敢拒绝别人"充斥在我们的文化当中，即使随着年纪增长，"症状"也未必有所缓解。由于每个人不敢拒绝别人的原因不尽相同，所以我想听听晓芬的"不敢"是因为什么。

晓芬说，她发现自己的人际关系只是一种"给予"，周围的人好像都只是想从她身上获得些什么。比如让她帮忙凑超市的积分、要她去冷门的讲座凑人数、邀请她捐款给没钱举

办成果展的不知名社团、跟她借摩托车去联谊（但没有邀请
她）……

"你喜欢做这些事情吗？"我问。

"刚开始还好，但是愈来愈不喜欢。"晓芬说。

"那你有试着拒绝吗？"

晓芬摇摇头，眼眶有些泛泪。

"怎么啦？"我觉得眼泪的背后应该有一些故事。

"我怕如果拒绝了，就没有人会理我了……"晓芬说。眼
眶中的泪水沿着脸颊滑落。

"所以你很想要有朋友。为了交朋友，你总是牺牲自己来
和别人维持关系？"

晓芬点点头。

"可是愈是这么做，你就愈不喜欢这样的自己？"我递了一
张面巾纸给她。

"谢谢你愿意告诉我你的困扰，还有内心的情绪。"我停
了两秒，然后问，"如果刚刚我拒绝你问问题，你会不会生我
的气？"

对于这突如其来的问题，晓芬有些诧异地看着我，然后摇
摇头。

"为什么不生气？因为你不敢对讲师生气吗？"

"不是啦！"晓芬笑了一下，"因为你刚才演讲时有现场提
问的环节，是我自己那时候不敢问的，而且我知道你好像要赶
去乘车……"

"喔，所以你知道我拒绝你是有原因的，而不是不想理你。"

晓芬又点点头。

"那么，你的朋友知道你其实很委屈，有些事情你并不喜欢吗？"

她愣了一下，表示从来没有思考过这件事。

你也是不敢拒绝别人的人吗？如果晓芬的"不敢"是担心失去朋友，那你的"不敢"，是因为担心什么呢？

如何回应？心理师这么说——

对于被遗弃的害怕

之所以害怕被遗弃，或许是因为从小我们就生活在交换条件的环境中。

◆ 如果你表现好，我就带你去逛夜市。

◆ 如果你像哥哥一样考试拿第一名，就可以拥有自己的房间。

◆ 如果你听我们的意见选科系，我们就停止对你冷战。

◆ 如果你为这个家牺牲，我们就肯定你是一个好女人。

◆ 你要结婚生子，才是父母眼里有担当、孝顺的孩子。

我们的"爱"被设下一道道关卡，好像非得触及跑道尽头的那一条终点线，否则无法获得他人对你的爱。可是有些人无论如何努力，都达不到别人的期待，难道他就不值得被爱吗？

这种因为害怕达不到别人的期待而被抛弃的恐惧，在成长过程中，如影随形地跟着我们，常驻在内心的某个角落。

有些人终其一生追求成功，用力讨好他人，只是为了获得他人的认同；有些人因为深信不管怎么努力都无法获得他人的爱，于是干脆放弃努力，避免让自己更失落、更受伤。

不帮助别人，就找不到价值感

"帮助别人"是很重要的人际互动，通过帮助别人，可以让我们觉得自己有能力，也能被他人喜欢。但前提是我们心甘情愿，能力所及，而不是委屈、牺牲自己去满足别人的需求与期待。

如果一个人的价值全然建立在"让别人满意，自己才有价值"的基础上，就等于告诉自己："你本身是没有价值的，唯有让别人满意，你才有存在的意义。"这么一来，当别人的要求太过分，侵犯你的界限时，你当然也不敢出言拒绝，出手抵抗。

我在《别让负面情绪绑架你》里曾经提到，处在"借由牺牲自己来获取价值感"这种充满交换条件的关系里，会找不到自己真正的价值感，因为你身上背满了别人交付的任务，你的生活就是忙着帮别人解决问题而已。

人生就来世上这么一遭，你怎么忍心把生命用来委屈自己，成全别人呢？

设定底线，自我保护

面对他人的要求，如果你的脑中只有"答应"或"拒绝"，那么这种思维方式太缺乏弹性，会让你的回应变得很局限。

"答应"与"拒绝"不该只是两个截然相反的端点，这中间可以细分出许许多多的小点，从而形成一条充满弹性的线段。

面对他人的要求，你可以开始学习这种思考模式：

◆ 我可以帮哪些部分？

◆ 我可以帮到何种程度？

◆ 如果要帮忙，这件事要放在待办事项的第几顺位？

◆ 让对方知道我的状况。他若能接受，我就帮忙；他若无法接受，那我也爱莫能助。

我把这种模式称为"有限度的帮忙"：依据你的能力和意愿来设定你能协助的范围，让别人知道你的情况、能力限制，才不会让你觉得被冒犯、被剥夺。

面对突然来问问题的晓芬，我的态度就是"有限度的帮忙"。

我先说明"只有十分钟的时间"，如果对方能接受，我很愿意与她聊一聊。如果她觉得十分钟不够而打消念头，那也是她的决定。即使十分钟到了，问题还没谈完，我也可以告诉她："时间到了，或许下次有机会，我们再聊聊。"因为这是我们在合作之前就达成的共识。

这样的共识让我们彼此都很自在。她知道她能运用的时间是十分钟，所以可以选择要讨论哪些部分，也可以决定说话的速度。我清楚我可以给对方十分钟，所以不用因为担心赶不上车子而焦虑、分心，无法好好响应她的问题。

两个步骤、两种态度，助你设限

还记得《"都可以"——到底是可以，还是不可以?》里提到的"三步骤，给出清楚的选项"技巧吗？读者可以翻回第十章复习，这个技巧在人际互动中很重要，也很实用，建议你记在心里，并且经常练习。

当你想要帮助别人的时候，一定要先提醒自己提供"有限度的帮助"，因此你可以采用这两个步骤响应：

1. **设定选项**：让对方知道你的限度，包括你的时间、范围、空间、经济能力，等等。

2. **达成共识**：询问对方能否接受你设定的选项，可以的话，才提供协助。

我举几个例子，并且将"设定选项"的部分画线，将"达成共识"的字体加粗，让你更清楚这两个步骤的具体使用方式：

◆ 我今天晚上七点到八点之间有空，你可以在那时用微信问我问题。可以吗？

◆ 我可以借给你一千元，但你下周一之前必须还给我。

可以吗？

◆ 我的讲座课时费是一小时两千元，如果你们能接受的话，我周四上午的九点到十二点有时间。

◆ 我可以出席活动，捧个人场，但无法赞助金钱。如果你能接受的话，我很乐意去帮忙。

◆ 你的零用钱可以自行支配，但不能买烟、酒和游戏点数。若你能接受，我们再来讨论一周给你多少零用钱。

除此之外，你还得具备两种态度，才能让"有限度的帮忙"落实得更彻底。

1. 无须解释

当你说出你设定的选项之后，有些人会问："你的收入明明很高，为何只能借我一千元？""你那天有什么行程？为什么只有七点到八点有空？""你家门口反正也空着，借我摆摊、做生意，不行吗？"

面对这种"质问"，一开始可能会有点慌乱，毕竟你不是真的无法提供更多协助，但是因为想要让自己舒服、自在，所以设定某个范围，结果对方却试图跨越这个界限，希望你做更多。

记住：是否答应帮忙的决定权在你手上，要帮多少忙，也是由你决定的。无须向对方解释，更无须对对方感到抱歉。

2. 温和、坚定

这时候，你只需要温和而坚定地重复前面提到的两个步骤，再次让对方知道你只能提供"有限度的帮忙"。如果对方不断要求你做得更多，而你也不愿意，就代表你们无法针对这件事情达成共识，这时你可以温和而坚定地告诉对方："我无法帮上你的忙，请你再想想其他办法。"

学会拒绝，才能让自己更自在

"没有帮到别人，需要向对方说抱歉吗？"

当然不需要。

有些人总是把"对不起""不好意思""抱歉"挂在嘴边。但是你本来就没有帮助对方的义务，而且是对方无法接受你"有限度的帮忙"。这种情境下，为何还要向对方道歉呢？

当你无意识地向对方道歉时，心里也会有些愧疚："没有帮上忙，真是过意不去。"这份愧疚会促使你不自觉地打破自己的底线，于是"牺牲自己，成就别人"的戏码又将重新上演。

当你能够站在"尊重自己的意愿和能力范围"的立足点上去帮助别人，才不会觉得总是牺牲、委屈自己。而且当你提供了协助之后，无论对方满意与否，都与你有没有价值无关。

至于那些硬要你牺牲自己来帮他，在你努力帮忙后却总是抱怨的人，请记得：无论你多么用心，这种人都不会满意，也不会真心感谢你。

那么，你牺牲自己去满足这种人，又有什么意义呢？

✏️ 练习

1. 你对拒绝别人有什么顾虑吗？

2. 你能说明"有限度的帮忙"吗？"有限度的帮忙"对彼此的好处是什么？

3. 关于拒绝别人的两个步骤与两种态度，你还记得是什么吗？

二十五、面对总是"忽冷忽热"的人，该怎么办？

——摆脱边缘人生的总复习

我们在前面讨论了许多改善人际互动的态度、技巧，以及有效因应人际冲突的策略。看了这么多内容，你还记得几项？学会了几项呢？

最后这一章，我们要来讨论一种让边缘人最害怕、最无所适从的情境。这种情况处理起来有一些复杂，不过如果前面几章的内容，你都认真阅读、努力练习了，相信接下来的挑战，应该也难不倒你。

我的故乡屏东有一道令人难以忘怀的甜点：冷热冰。

卖冰的老板会先从滚烫的锅子里，捞出口感 Q 弹的汤圆、芋圆以及绿豆等食材放进盘中，然后盖上满满的晶莹剔透的刨冰，接着一圈圈淋上古早味的糖浆与炼乳……哇！那种冰中带热、香香甜甜的滋味，让人无力招架。

可是，当这种忽冷忽热的情形发生在人际交往中时，感觉就不是很好了。

阿邦的遭遇就是典型的例子。

他是新进员工，开始上班的前几天，隔壁一位资深同事（简称 A）对他非常热情，仔细为他介绍办公室环境，中午找他一起吃饭，还热心推荐公司附近的美食店。有几次早上阿邦一进公司，桌上就放着热咖啡，还细心地放好了糖包与奶精球，旁边贴着一张便条纸，写着："加油！祝你有个美好的一天！"

阿邦开心地向 A 点点头，A 也回以一个充满鼓励的笑容。比起办公室里其他面无表情、态度冷淡的同事们，他觉得自己能够坐在 A 的旁边，真是无比幸福的事情。

但是阿邦的幸福并没有持续太久。几天后，阿邦在处理报表时，向 A 请教一些问题，结果 A 却大吼："这种事，你自己可以处理吧？为什么都要问我？"声音之大，让其他同事也纷纷抬起头关注。

阿邦吓了一跳，没想到 A 会有这种反应，于是赶紧道歉："不好意思，我没有注意到你正在忙。"

"我不忙，但你没有必要什么事都来问我。"A 冷冷回道。

阿邦很自责，他觉得自己不是太麻烦别人，就是太没眼力见儿，没有发现 A 心情不好。隔天一早，他在上班途中买了一杯热咖啡，想要向 A 赔不是。

结果才进办公室，他的桌上又摆了一杯咖啡，当然，也是 A 准备的。他们又如往常般相视而笑。可是那一抹微笑，却让阿邦隐隐觉得不对劲。

从那天起，阿邦觉得 A 开始与他拉远距离，甚至避免与他互动。他曾经自我反省无数次，却想不出自己哪里伤害了 A。他也曾经用各种话题旁敲侧击，但 A 都只是回以客气的微笑，敷衍带过。

短短两个月，阿邦的心情像是从天堂掉落地狱，因为他的旁边坐了一个曾经如此友善，如今却莫名变得极度冰冷的同事。相较之下，原本那些他觉得冷淡的同事们，经过两个月的相处，虽不算熟稔，却能互相打招呼、寒暄几句，相处起来反而自在许多。

这种情形不只发生在现实生活中。近几年网络人际互动盛行，通过虚拟世界，我们很容易认识从未谋面的陌生人，也可能和真实生活中不太熟络的人互相分享讯息、互相点赞。对人际关系较为敏感的人，有时会发现对方把你删除了好友、将你拉黑，或者不论你如何传讯息、留言，对方也都不回复。

面对这种状况，我们经常会陷入困惑："这是怎么了？我做错什么了吗？还是我们之间发生了什么事？"你往往找不到答案。原因是什么，等会儿我会说明。

还记得边缘人的"生命风格"吗？

他们习惯性地自我怀疑：觉得自己不好；觉得自己容易搞砸人际关系；虽然期待人际互动，却又认为自己一定会被伤害。所以，一旦遭遇阿邦的处境，或者在网上莫名其妙被删除、被疏远，如果再加上找不到原因，肯定会让他们痛苦难耐，并且再次"验证"脑袋里坚信不疑的假设："这世界很不友善，我是不值得被别人善待的，所以我要躲远一点，才不会受伤。"

该怎么处理这种情境呢？让我们将前面教过的态度与技巧派上用场吧！

如何回应？心理师这么说——

或许，责任不全然在你身上

遇到不顺心的事情，懂得自我反省与检讨固然很重要，但你有没有想过：或许问题根本就不在你身上。让这段关系变质的人并不是你，而是对方，所以无论你怎么自责、压抑、忍耐，或许都无法让这段关系重归于好。

为什么阿邦很难找到原因？

你想想看，如果 A 是一个能够正面沟通，拥有沟通意愿的人，即使因为各种原因发了脾气，至少事后也会与对方澄清，或者讨论之后的相处模式。但 A 什么都没有讲，只是默默地疏离。就连阿邦正面问他，他也只是用各种理由敷衍搪塞。

显然，A 并没有打算与阿邦讨论这件事情。他之所以采取回避与拒绝沟通的姿态，很可能是因为内在的焦虑，或各种难以面对的因素，可能他根本没有觉察到自己的情绪与行为，只是习惯用远离他人的方式来调适自己的负面情绪。这时候你愈是探问，他可能愈会因为焦虑而逃得更远。

因为 A 倾向使用"逃避问题"的模式面对人际互动的焦虑，以至于别人没有机会理解他发生了什么事。因为他选择疏离，所以别人也会逐渐远离他。或许逃避可以让 A 得到短暂的喘息，却也制造了人际互动的恶性循环。

在现实生活中，你很难改变 A，也没有权力去改变他。但如果你想学会与 A 相处的方式，可以运用本书提到的几个重要态度与技巧来帮助自己。

复习一：重新厘清人际需求（第五章）

对大多数人而言，面对关系变质都不太好受，努力挽回未果，也会很受挫。这时候你能够做的，就是重新厘清自己的人际需求，并依此与人互动。

对阿邦而言，能够在职场上交到朋友固然很好，但完成公事才是最重要的任务。他可以与 A 维持工作上的和平往来，同时把一些心力放在那些慢慢熟稔，沟通上更直接也更合得来的同事身上。

虽然"交朋友"没有一套固定的程序，但通过合作与摩擦来认识彼此却是必要的。一开始就急欲展现热情的人，不一定能长久交往，一开始表现冷淡的人，也有可能成为值得你深交的好友。

网上的人际互动更不需要耗费太多力气去在意。真正重要的人际关系，在现实生活中多少都会有接触；至于网络上的人际互动，常常是因为有共同兴趣、通过朋友间接认识，或者身处相关行业才互加好友。有些人只是因为你的外表，或你某一则发言与他的理念不合，甚至因为你的能力远胜于他，就屏蔽、删除你，甚至在背后诋毁你，这种情况防不胜防。

认真说起来，他可能一点都不了解你。

这种表面的互动是你想要的人际关系吗？如果不是，请试着松口气，要删除、要屏蔽，或者将他的账号当作空气，任凭你处置。

复习二：无须"打脸"对方，只须尊重自己（第六章）

有时候，你心有不甘，很想质问对方为什么这样对待你，为什么害你每次与他互动时都觉得难受。这种负面情绪是难免的，但是在心里想就好，完全没有付诸行动的必要。

你想想看，要是对方根本就没有澄清的意愿和勇气，或者对方就是莫名不喜欢你，你想跟这种人沟通，到底能说些什么？对方很可能否认他的行为，表面上和你客客气气地互动，让你完全没有着力点。因为他就是对你不爽，不想和你建立正向的关系。

所以，你说服不了他，也没有说服他的必要。相较之下，你更需要倾听自己的感受：清楚知道对方并不尊重你，而你也无须努力挽回这种关系，更无须在这种关系中继续委屈、矮化自己。

复习三：不够好，也没关系（第三章）

假使对方真的说出一些远离你的理由，例如你的工作能力不足、家世背景不好、外表不好……即便他说出种种"不好"，那又怎样？我"好不好"，不是由这些条件来定义的，也不是外人可以随意评价的。

无法跟对方建立友善亲近的关系，不代表我不好。我们只是如同广播电台里的不同频道，生存在平行的空间里，各过各的生活，无须相互干扰。而曾经的相遇，就当作是电台机器故障所造成的误会吧。

复习四：改变，从自己开始（第七章）

你可能会觉得我很烦，因为这句话我已经念叨过好几遍了。请容许我唠叨最后一次："改变，从自己开始。"

面对这种忽冷忽热的人际关系，你不需要花力气去指责对方，要求对方保持热情与友善。你应该开始调整自己，选择用不同于以往的态度与他互动。

他对你友善，你就友善以对；他对你冷淡，你也无须拿热脸去贴冷屁股；如果他屏蔽你，那就祝福他过得开心、自在吧。

对了，如果你不想祝福他，那也是没关系的。

复习五：过滤无谓的批评（第二十二章）

对于他人的批评、非善意的肢体语言，我们难免会在意。所以要帮自己打造一张合适的过滤网，真的有需要调整的地方就试着调整，至于那些无谓的、恶意的攻击，就让它从网子的孔隙中流走吧。

那些无谓的批评与攻击只会消耗你的能量，而不会让你过得更好。

我知道你很难过

亲爱的，面对 A 这种忽冷忽热，甚至突然切断关系的人际互动，你一定很受伤，也很难过，对吗？

我很喜欢蔡依林早期的作品《我知道你很难过》，里面有一句歌词："我知道你很难过，感情的付出不是真心就会有结果……"

把"感情"换成"人际关系"也是适用的。

世界何其大，有时候即使我们真心对待一个人，用心经营一段关系，结果也未必能够如我们所期待的那样。遇到这种状况，你一定很受伤，也很难过。可是我想告诉你：无论如何受伤、如何生气，都不要学习对方用这种忽冷忽热、回避沟通的方式来对待你身边的其他人。

A 这种反复无常、不稳定的人际互动模式是一种长期养成的惯性，也是他的人际困境，而不是你的问题。不要因为他带来的伤害而放弃了你原本对人的信任。因为你的真诚、友善、开放，才是建立亲密、有信任感的人际关系最不可或缺的珍贵资产。

生活中，难免会有不顺心的时刻，我们也许会在某些人际互动中受伤。可是那不代表我们不值得拥有令自己满意的人际关系。或许要调整信念、改变行为，对你并不容易，不过请你相信：通过有效的练习，一定能够为你的人际关系带来正向的改变。

✍ 练习

1. 如果是你，还会运用这本书的哪些策略与 A 相处呢？

2. 看完这本书，让你印象最深刻、最有共鸣的是哪一个章节？

3. 这本书里，哪一个章节你觉得最容易，最可能现在就开始练习呢？